0

Inhaltsverzeichnis

Ihr Überblick

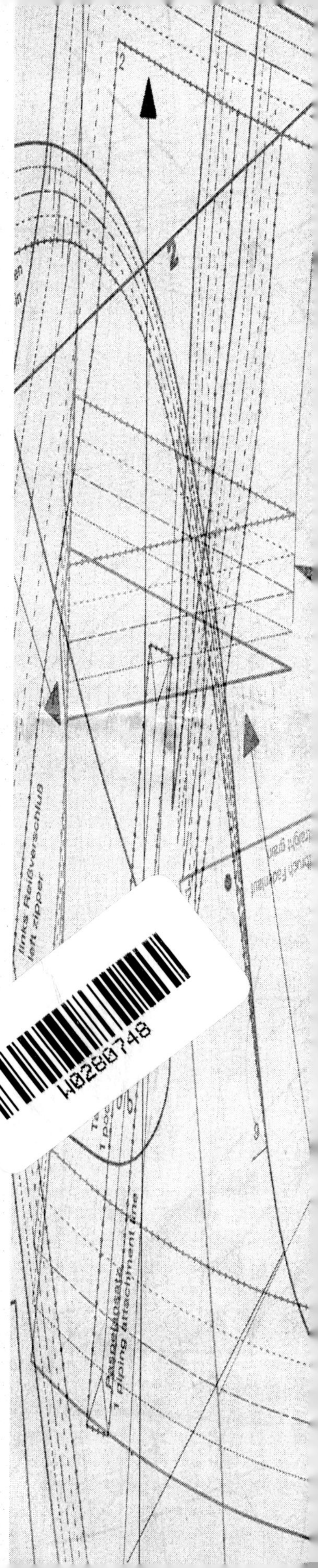

0 Inhaltsverzeichnis

Die wesentlichen Projektmanagement-Tools finden Sie in den Kapiteln
6 »Projektziele«,
7 »Projektplanungstechniken« und
8 »Projektsteuerung«

Schilling - Projektmanagement

Gert Schilling Verlag, Berlin 2004

Schilling, Gert
Projektmanagement
Der Praxisleitfaden für die erfolgreiche Durchführung von
kleinen und mittleren Projekten
Vollständig überarbeitete Auflage
Gert Schilling Verlag, Berlin 2004
ISBN 3-930816-60-1

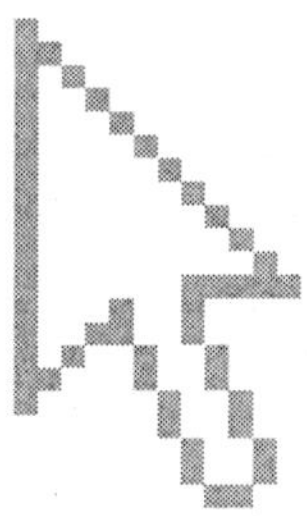

Projektmanagement-Dateien im Internet

www.schilling-verlag.de

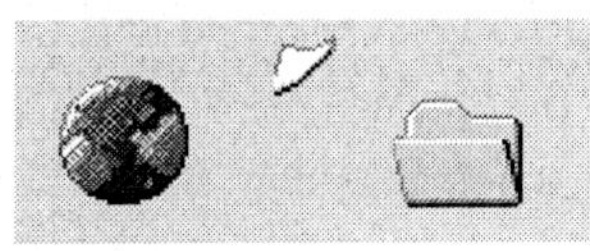

Im Internet finden Sie Formulare, Checklisten und Vorlagen zum Thema Projektmanagement. Diese Dateien können Sie sich kostenlos auf der Verlags-Website www.schilling-verlag.de herunterladen. Dort finden Sie auch die Projektpläne der im Buch erläuterten Beispielprojekte.

1

Vorwort

Bitte nicht lesen!

1 Vorwort

Bitte nicht lesen!

Na, Sie lesen doch weiter. Gut, dann kann ich Ihnen auch erzählen, was ich am Anfang loswerden möchte.

Was nutzt Ihnen dieses Buch?

Mit diesem Buch sollen Sie Anregungen erhalten, um Ihr Projektmanagement zu verbessern und Ihre Projekte erfolgreich abzuschließen. Sie erhalten zahlreiche Tipps, die Ihnen sowohl als Projektleiter wie auch als Projektmitarbeiter nützliche Unterstützung bieten.

Die vorgestellten Methoden sind gut für kleinere und mittlere Projekte geeignet. Für größere Projekte sind häufig andere oder weitergehende Projekttechniken nötig. Aber auch wenn Sie an einem größeren Projekt beteiligt sind, lassen sich viele hier vorgestellte Methoden in überschaubaren Arbeitspaketen erfolgreich anwenden.

Entsprechende Arbeiten erfordern entsprechendes Werkzeug. Manche Projektmanagementmethoden sind für den Einsatz bei kleineren bis mittleren Projekten einfach nicht sinnvoll. So, wie ich für das Umgraben meines drei Quadratmeter großen Gartens keine 20 t-Planierraupe brauche, ist auch für die Planung der Betriebsabschlussfeier keine dreißigseitige Risikoanalyse nötig. Der Volksmund spricht dann von Kanonen und Spatzen.

Die meisten Methoden lassen sich für Projekte jeder Größe sinnvoll einsetzen. Wenn ich einen Nagel in die Wand bekommen will, nehme ich einen Hammer. Aber keinen 5 kg-Vorschlaghammer. Das Werkzeug Hammer ist zwar richtig gewählt, aber eben zu groß.

Machen, machen, machen!

Alles Wissen über schöne Methoden und Systeme nutzt nichts, wenn Sie es nicht einsetzen. Bei der Auswahl der richtigen Methode in richtiger Dosierung hilft häufig die »KISS-Methode«: Keep it stupid and simple. Frei übersetzt: »Mach es idiotensicher und einfach.« Lieber eine einfache Methode anwenden, als zwei komplizierte bleiben lassen. Lieber ein Balkendiagramm auf der Serviette als ein 3.000 €-Projkektplanungsprogramm ungenutzt auf der Festplatte. Oft sind es die einfachen Sachen, die den Erfolg bringen, vorausgesetzt, sie werden konsequent und problemgerecht angewandt.

Die »Innen«

Es gibt den Projektleiter und die Projektleiterin, die Teammitglieder oder die Teammitgliederinnen, den Projektmanager oder die Projektmanagerin. Das große »I« wie ProjektleiterIn oder der Schrägstrich, wie der/die Projektleiter/in, tragen meiner Meinung nach nicht zur Lesefreundlichkeit bei. Ich verwende in diesem Buch hauptsächlich die Bezeichnung »Projektleiter«. Angesprochen sind immer alle Menschen.

Der Ursprung dieses Buches

Der Ursprung dieses Buches sind Unterlagen aus meinen Seminaren. Während der Seminare kamen immer wieder Fragen und Anregungen, die meine Seminarunterlagen so weit anwachsen ließen, dass jetzt dieses Buch entstanden ist. Ich danke meinen Seminarteilnehmern für Anregungen und Kritik.

Ich wünsche Ihnen viel Spaß beim Lesen!

2

Ein Projekt! Was ist das?

Ein Projekt, das unbekannte Wesen

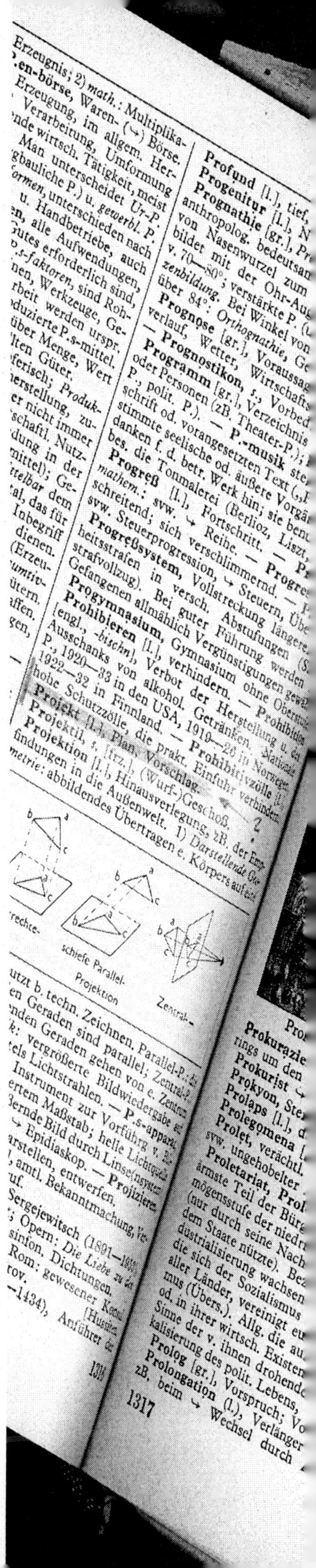

2 Ein Projekt! Was ist das?

Morgens auf dem Gang bei der Firma Kales-Maschinen. Frau Mertens, die Verkaufschefin, trifft Herrn Harters, Geschäftsführer, auf dem Gang. »Ah, Morgen, Frau Mertens, gut, dass ich Sie treffe. Ich habe gestern in der Zeitung schon wieder etwas über das Internet gelesen. Da sollten wir auch noch mehr tun. Kümmern Sie sich doch mal darum ...« Hat Frau Mertens jetzt ein Projekt? Ist sie Projektleiterin? Ist sie jetzt für die Internetpräsenz der Firma Kales verantwortlich? Wahrscheinlich haben Sie alle schon einmal mit solchen »Kümmernsiesichmaldarum-Projekten« zu tun gehabt. Aber sind das überhaupt Projekte? Oder vielmehr Aktionen, »blinde Aktionen«?

Definition

Natürlich gibt es für alles eine Definition. So auch für die Frage »Was ist ein Projekt?« Frei nach der Deutschen Industrienorm sind die Kennzeichen eines Projektes:

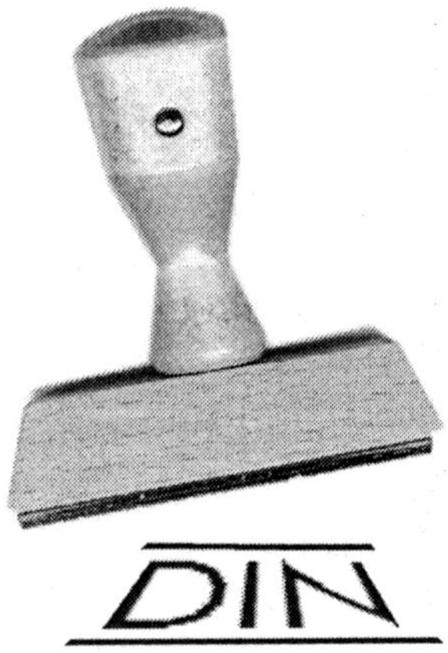

- Projekte haben eine gewisse Einmaligkeit. Projekte sind also keine Routinetätigkeiten. Sie unterscheiden sich klar vom »normalen Tagesgeschäft«.
- Projekte sind zeitlich begrenzt. Sie haben einen vorbestimmten Anfangs- und Endzeitpunkt.
- Projekte sind mit einer eindeutigen Aufgabenstellung und Zielsetzung verbunden.
- An Projekten sind mehrere Personen beteiligt.
- Projekte haben eine gewisse Komplexität.
- Projekte erfordern eine Projektorganisation.

Neben diesen DIN-Kriterien gibt es noch weitere typische Merkmale:

- Projekte sind mit einer Unsicherheit bezüglich Zeit, Erfolg und Kosten verbunden. Diese Unsicherheiten können Sie durch ein gutes Projektmanagement minimieren.
- Projekte werden häufig vom Projektumfeld als bedrohlich wahrgenommen. Gerade für Außenstehende ist oft nicht absehbar, mit welchen Konsequenzen das Projekt für andere Menschen, Gruppen, Abteilungen verbunden ist.
- Projekte können zu Konflikten zwischen Projektleitung und bestehenden Organisationen führen, weil Projekte oft mit Veränderung zu tun haben, auf die manche Menschen abwehrend reagieren.

Nach diesen Definitionen schauen wir uns nochmal das »Projekt« von Frau Mertens an. Weder hat Frau Mertens eine genaue Zielvorgabe, noch sind die Projektbeteiligten definiert oder Anfangs- und Endzeitpunkt festgelegt. Also per Definition kein Projekt. So einfach? Wenn wir uns streng an die Definitionen halten, müssten sich einige Projekte, Projektleiter und Projektteams neue Namen einfallen lassen. Denn wie häufig gibt es Projekte ohne Endzeitpunkt? So genannte »Endlosprojekte«? Wie häufig gibt es Projekte ohne genaue Zielsetzung, denn es wissen ja schon alle, was getan werden muss? Ist es wirklich allen klar? Wie häufig gibt es Projekte, bei denen einer alleine ohne Unterstützung herumwursteln muss?

Denken Sie mal an Ihre vergangenen oder aktuellen Projekte oder an das, was alle bisher als Projekt bezeichnet haben. Treffen alle Kriterien zu? Nein? Lösen wir das Problem doch einfach, indem wir das Ganze umbenennen, vielleicht in »besondere Aktion«, und arbeiten weiter wie bisher? Ist das Problem damit gelöst? Ich denke, nein. Denn die Projektdefinitionen haben auch einen Sinn. Es ist notwendig, Ziele und Aufgaben zu definieren, Zeitabschnitte zu planen und Projektorganisationen zu nutzen, Projektziele für alle Beteiligten und Betroffenen transparent zu machen, um Unsicherheiten, Ängste und Bedenken abzubauen, um die Akzeptanz für Veränderungen zu erhöhen.

Nicht alles, was sich Projekt nennt, ist auch ein Projekt.

Margaret zum Beispiel ist Vorsitzende der Eltern-selbstverwalteten Kindertagesstätte, die einige Räume in der Pestalozzistraße angemietet hat. Die Eltern nennen das »ihr Projekt«. Nach der DIN-Definition ist es keines. Es hat keinen definierten Anfang und kein definiertes Ende, noch ist es eine »einmalige Aktion«. Natürlich können die Eltern das weiter »Projekt« nennen, aber viele Projektmanagementmethoden »funktionieren« in diesem Projekt nicht. Warum sollte Margaret ein Balkendiagramm zeichnen oder gar einen Netzplan? Gibt es Meilensteine oder Projektstrukturpläne? Falls die Elterngruppe einen Tag der offenen Tür mit Kinderfest veranstalten würde, könnte Margaret daraus ein Projekt machen, welches fast allen DIN-Kriterien entspricht. Hier ist ein Ablaufplan mit Aktivitätensammlung sinnvoll.

Man sollte die Definitionen nicht dogmatisch sehen. Natürlich können Sie auch weiterhin alles »Projekt« nennen, was Sie als Projekt empfinden. Auch gibt es Projekte, bei denen Ziel und Aufgaben noch nicht trennscharf festgelegt sind, Zeiten sich noch nicht bestimmen lassen oder bei denen Sie Projektauftraggeber, Projektleiter und Projektmitarbeiter in einer Person sind. Trotzdem sollte Ihr Bestreben sein, Ziele zu definieren, Zeiten zu planen und andere Menschen mit einzubeziehen.

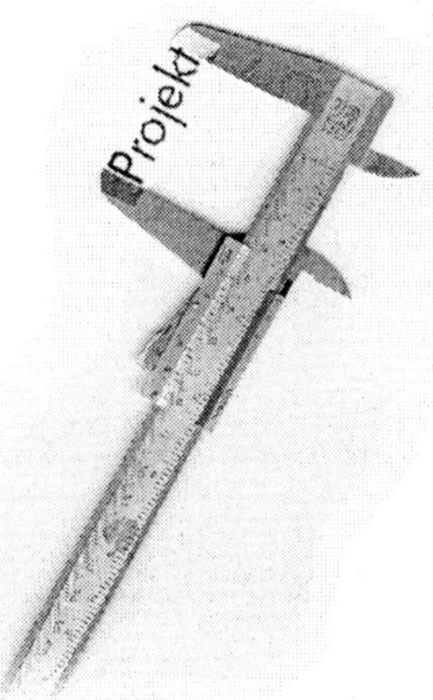

Groß, mittel, klein

Große, mittlere und kleine Projekte? Spätestens seit Einstein wissen wir, dass alles relativ ist. Der Sandburgbau auf Wangerooge im Sommerurlaub kann für Karl ein großes Projekt sein, die Aufschüttung der Zugspitze um 38 Meter, damit Deutschland endlich einen Dreitausender hat, kann für das Bauunternehmen Megabeton ein mittleres Projekt bedeuten. Eindeutig große Projekte sind: Umzug ganzer Firmenstandorte, Flug auf den Mond oder Entwicklung eines neuen Autos. Die in diesem Buch vorgestellten Projektmanagementmethoden sind natürlich alle auch auf größere Projekte anwendbar, aber die Beispiele und Erläuterungen zielen auf kleine und mittlere Projekte ab, als da wären: Umzug der Familie Gerling nach Berlin, Planung der Betriebs- oder Geburtstagsfeier, Einführung des neuen Computersystems, Verbesserung des Kundenservice, Kanuurlaub mit der Jugendgruppe an der Schlei, Marktchancenanalyse des neuen Rasierwassers, Renovierung der Kölner Altstadtwohnung, Einarbeiten der Mitarbeiter in die neue Software, Bau der Sandburg auf Wangerooge ...

Linienmanagement - Projektmanagement

Bei der Koordination von fachbezogenen Aufgaben spricht man von Linienmanagement. Das sind zum Beispiel die Aufgaben eines Abteilungsleiters, der für den Ablauf in seiner Abteilung verantwortlich ist. Bei der Koordination seines »Tagesgeschäfts«, seiner Fachaufgaben, spricht man also von Linienaufgaben oder Linienmanagement. Herr Bäcker arbeitet bei der Großbäckerei Backo. Dort ist er Leiter der Backabteilung. Seine Linienaufgaben sind unter anderem Betrieb und Instandhaltung der Backöfen. Ein neuer Backofen soll angeschafft und eingefahren werden. Hierfür wird ein Projektteam gebildet. Herr Bäcker wird zum Projektleiter ernannt. Für die Dauer des Projektes werden ihm sechs Mitarbeiter aus anderen Abteilungen unterstellt. Er ist also für die Zusammenarbeit der beteiligten Personen aus verschiedenen Fachabteilungen verantwortlich. Dies ist nicht mehr seine Linienaufgabe, sondern eine Projektarbeit. Beim Projektmanagement geht es um die »horizontale« Koordination verschiedener Aufgaben, Personen oder Abteilungen über die »normalen« Linienaufgaben der Beteiligten hinaus. Noch ein Blick in das Fremdwörterlexikon unter dem Stichwort: »managen« = leiten, zustande bringen, geschickt bewerkstelligen, organisieren. Projektmanagement hat also mit Organisieren, Leiten und wahrscheinlich auch mit Führen und erfolgreichem Zustandebringen zu tun. Hierzu stehen Ihnen verschiedene Projektmanagementmethoden zur Verfügung, die in den nachfolgenden Kapiteln erläutert werden.

Wann ist ein Projekt zu Ende?

Bei der Firma Hagert, die Elektrogeräte produziert, soll ein neuer Toaster auf den Markt gebracht werden. Das ist das Projekt. Wann ist es zu Ende?

Fragt man die Abteilung Forschung und Entwicklung, bekommt man als Antwort: »Ganz klar, wenn der Toaster fertig entwickelt ist, ist für uns das Projekt abgeschlossen.« Von der Produktionsleitung bekommt man als Antwort: »Wenn alles gut in der Fertigung läuft, die Anlaufschwierigkeiten behoben sind und wir die erforderliche Stückzahl bringen, ist das Projekt zu Ende. Alles andere ist dann Tagesgeschäft.« »Wenn der Break Even Point überschritten ist, also die Gewinnschwelle, dann ist das Projekt für uns abgeschlossen,« so die Aussage der Kostenrechner. Und die Geschäftsleitung? »Erst, wenn der Toaster wieder vom Markt genommen wird, also am Ende des Produktzyklus, ist für uns Projektende.« Wer hat Recht? Irgendwie alle. Und genau so ist es. Ein Projekt ist dann zu Ende, wenn Sie das Projektziel erreicht haben, oder, was ich für Ihr Projekt nicht hoffe, wenn es abgebrochen wird. Das Projektteam, der Projektleiter und/ oder der Projektauftraggeber definieren also selber, wann das Projekt zu Ende ist. Wenn mehrere Teams zusammenarbeiten, wie im Toasterbeispiel, muss nur Klarheit geschaffen werden. Sind es nun Meilensteine, Teilprojekte oder Hauptabschnitte?

Sie definieren den Abschluss Ihres Projektes.

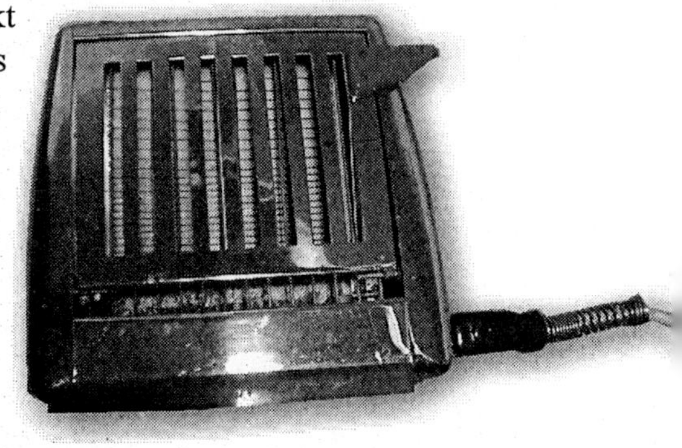

Meine Empfehlung: Gestalten Sie lieber kleine bis mittlere, überschaubare Projekte und schließen diese erfolgreich ab. Danach lieber ein zweites, darauf aufbauendes Projekt starten, als sich an Mammutprojekten die Zähne ausbeißen.

Vorteile von Projekten

Projekte scheinen mit Risiken, Arbeit, Problemen, Konflikten und organisatorischem Aufwand verbunden zu sein. Warum macht man sich dann überhaupt den ganzen Stress? Manche Aufgaben sind in einer Fachabteilung oder einer Fachgruppe gar nicht zu bewältigen. Sie erfordern die Zusammenarbeit und die Koordination von Menschen mit den unterschiedlichsten Fähigkeiten. Hierin liegt die Stärke des Projektmanagements. Abteilungen verharren manchmal in Betriebsblindheit und Abteilungsegoismus. Projekte bieten die Chance, interdisziplinäre Teams zu bilden, die von der Bündelung unterschiedlicher Spezialfähigkeiten profitieren. Vielschichtige Probleme, die die ganze Firma oder mehrere Menschen betreffen, können von einer Abteilung meist nicht befriedigend gelöst werden. Hierfür ist eine horizontale Koordination notwendig, das Projektmanagement.

3

Projektorganisation

Jeder sollte wissen, was er zu tun hat

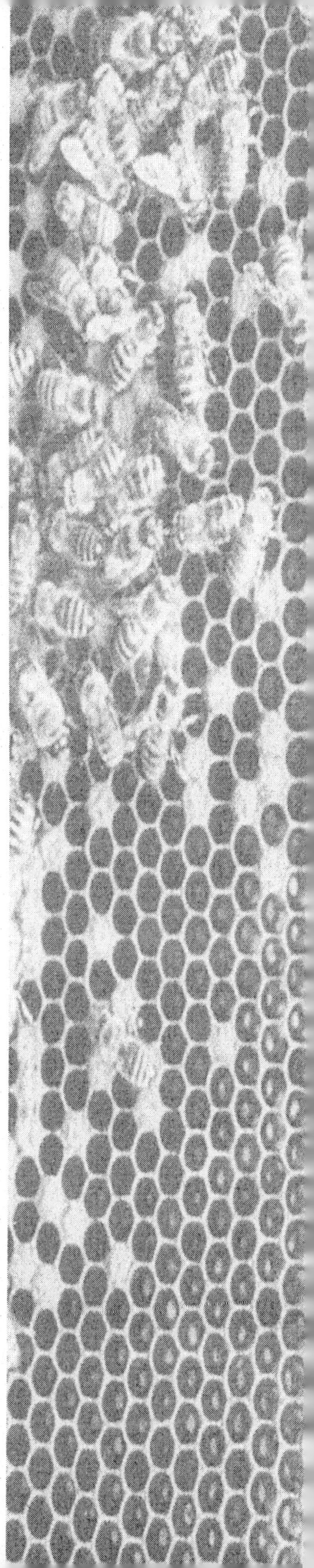

3 Projektorganisation

Wenn Sie Projektleiter und Projektmitarbeiter in Personalunion sind, brauchen Sie sich über eine Projektorganisation wenig Gedanken zu machen. Das heißt nicht, dass Sie nicht organisieren sollten, aber unter Projektorganisation wird die Struktur der Projektverantwortlichkeiten in einer vorhandenen Betriebsorganisation verstanden. Das heißt: wer ist wie verantwortlich, wer ist wem weisungsbefugt, oder wer ist wem fachlich oder disziplinarisch unterstellt? Wenn sich Menschen eher ungebunden in einem Projekt zusammenschließen, wie zum Beispiel die Bürgerinitiative für die Umgehungsstraße, der Künstlerverein von Eckernförde oder die Jugendlichen, die den Clubraum neu gestalten wollen, geht es natürlich nicht um Weisungsbefugnisse und Disziplinargewalt. Trotzdem lohnt es sich, auch hier ein paar Gedanken auf Verantwortung, Entscheidungsbefugnisse und Struktur zu verwenden. Prinzipiell gibt es zwei Organisationsformen:

- Reines Projektmanagement
- Matrix-Projektmanagement

Beispiel Linienorganisation

Um die beiden Projektorganisationsformen besser voneinander abzugrenzen, hier ein Beispiel für eine Linienorganisation. Das Beispiel ist vereinfacht, schematisch und zeigt nur einen Ausschnitt.

Dargestellt ist das mittelständische Maschinenbauunternehmen »Schraube«. Frau Horn ist Geschäftsführerin. Es gibt verschiedene Abteilungen mit entsprechenden Linienvorgesetzten. Frau Jäger ist Chefin der Qualitätssicherung und hat unter anderem Herrn Krummel als Mitarbeiter. Als Vorarbeiter in der Abteilung Lager und Versand ist Herr Knoche beschäftigt. Frau Fey und Herr Ret gehören zum Einkauf.

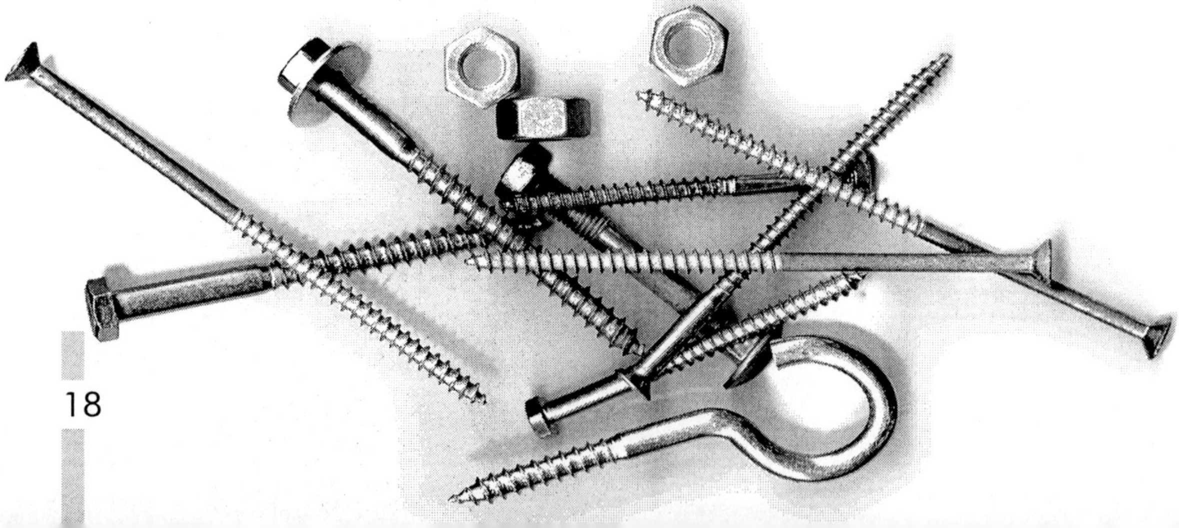

Nachfolgend sehen Sie eine schematische Darstellung des Personen-Aufgaben-Organigramms der Firma »Schraube«.

Beispiel einer Linienorganisation. Organigramm.

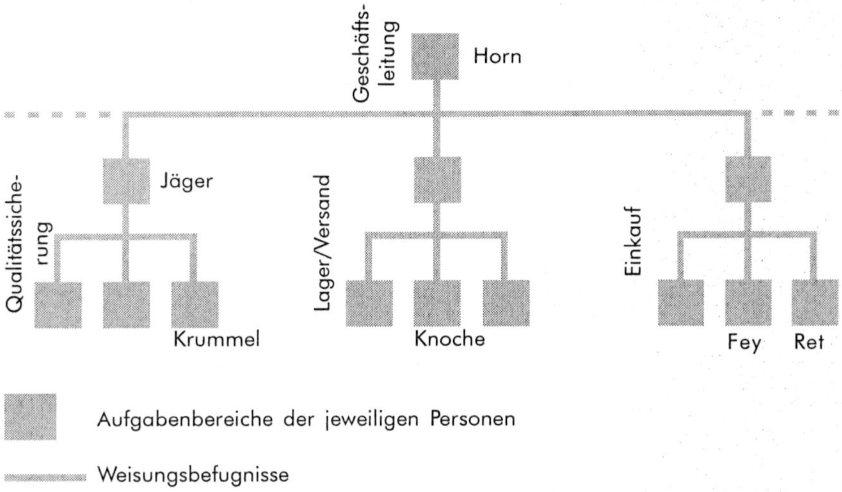

Ganz entgegen der üblichen Praxis möchte die Firma Schraube die Lackierung der Außenbleche selber übernehmen. Dazu müssen eine kleine Halle gebaut und entsprechende Lackiereinrichtungen gekauft und in Betrieb genommen werden. Die firmeninterne Projektleitung soll Frau Jäger übernehmen. Welche Möglichkeiten hat Frau Horn, das Projektteam organisatorisch in die bestehende Organisation einzubinden?

Reines Projektmanagement

Beim reinen Projektmanagement wird das Projektteam parallel zur bestehenden Organisation gebildet. Alle Projektmitglieder werden von ihren Linienaufgaben entbunden und arbeiten voll für das Projekt. Der Projektleiter hat meist die volle Verantwortung und Weisungsbefugnis. Bei diesem Modell hat der Projektleiter die größten Kompetenzen. Er ist häufig nur der obersten Geschäftsleitung oder dem Projektauftraggeber unterstellt.

Beim reinen Projektmanagement

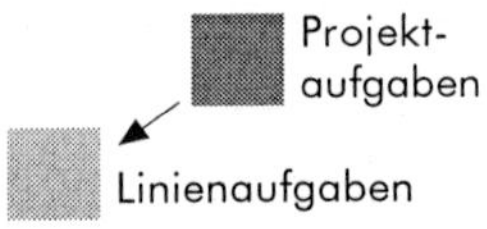

muss der Mitarbeiter von allen seinen Linienaufgaben befreit werden.

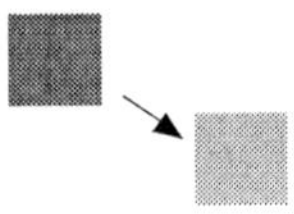

In unserem Beispiel wäre Frau Jäger die Projektleiterin. Alle anderen Beteiligten würden ihr unterstellt und von ihren bisherigen Aufgaben befreit. Frau Jäger wäre nur Frau Horn, der Geschäftsleitung, unterstellt. Die bisherigen Linienaufgaben aller Projektmitglieder müssten während der Projektdauer ruhen oder komplett von anderen Mitarbeitern übernommen werden, was in kleineren Unternehmen häufig sehr schwierig zu bewerkstelligen ist.

Vorteil dieser Organisationsform ist, dass das Projektteam konzentriert und zügig an einer Sache arbeiten kann. Die Identifikation und damit die Motivation der einzelnen Projektmitarbeiter ist oft sehr hoch. Ein Nachteil dieser Organisationsform ist, dass das Projektteam häufig von den an dem Projekt Unbeteiligten als bedrohlicher Fremdkörper betrachtet wird. »Da ist dann so eine Gruppe, die vor sich hin wurstelt, und keiner weiß so richtig, was die machen und wie ich davon betroffen bin.« Das kann Schwierigkeiten bei der Umsetzung von Projektzielen mit sich bringen, gerade wenn es um größere Veränderungen geht. Eine weitere Schwierigkeit kann sein, die Projektbeteiligten nach dem Projektabschluss wieder »unterzubringen«. So mancher junge Ingenieur hat sich nach einer Projektbeteiligung, gerade im Ausland, nach seiner Rückkehr auf dem Nebengleis wiedergefunden, während seine Kollegen in der Linie Karriere gemacht haben. Natürlich kann die Beteiligung an einem erfolgreichen Projekt auch einen Sprung nach vorne bedeuten. Kleinere Unternehmen können es sich häufig nicht »leisten«, ihre Mitarbeiter voll aus der Linie zu nehmen und nur mit der Projektarbeit zu betrauen. Das reine Projektmanagement findet sich deshalb überwiegend bei größeren Unternehmen, bei wichtigen, umfangreichen Projekten.

Reines Projektmanagement

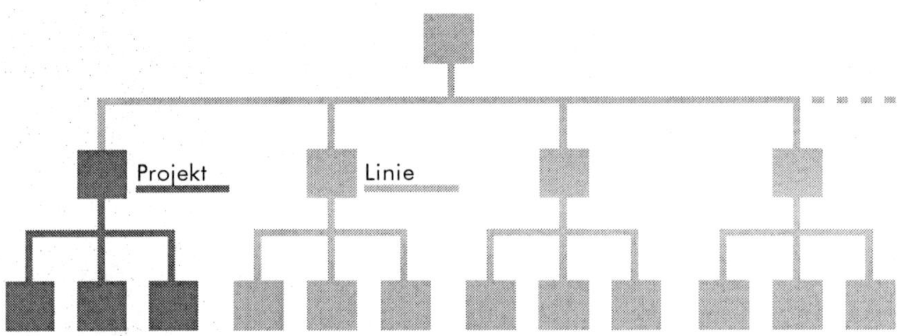

Typische Merkmale, Einsatz, Vor- und Nachteile des reinen Projektmanagements:

- Die Projektmitarbeiter sind nur dem Projektleiter unterstellt.
- Alle Beteiligten arbeiten voll für das Projekt.
- Die Projektorganisation ist eine eigene, auf Zeit gebildete »Abteilung«.
- Einsatz bei größeren, wichtigen Projekten.
- Häufig nur in größeren Unternehmen möglich.
- \+ Projektteam kann sich voll auf das Projekt konzentrieren.
- \+ Häufig hohe Identifikation mit den Projektzielen. Dadurch höhere Motivation.
- – Gefahr, dass das Projektteam den Kontakt zur »Basis« verliert. Dadurch können Akzeptanzprobleme und Widerstände bei nicht an dem Projekt Beteiligten entstehen.
- – Es können Probleme bei der Reintegration der Projektbeteiligten nach Projektende auftreten.

Matrix-Projektmanagement

Häufiger als das reine Projektmanagement wird das Matrix-Projektmanagement eingesetzt. Die Projektbeteiligten behalten ihre Linienaufgabe und Funktion bei und sind gleichzeitig am Projekt beteiligt. In unserem Beispiel könnte das wie folgt aussehen: Frau Jäger übernimmt die Projektleitung, behält aber gleichzeitig ihre Funktion als Chefin der Qualitätssicherung, genauso wie alle anderen Beteiligten ihre bisherigen Aufgaben und Funktionen beibehalten und gleichzeitig Projektmitarbeiter sind.

Und hierin liegt auch schon der größte Knackpunkt dieser Organisationsform. Häufig ist dies die Quelle zahlreicher Konflikte. Im schlimmsten Fall bekommt der Mitarbeiter von zwei Seiten Druck. Von seinem Linienvorgesetzten: »Herr Knoche! Die Produktion muss am Laufen gehalten werden. Das ist erst mal das Wichtigste. Die Projektarbeit kann warten.« Und auf der anderen Seite vom Projektleiter: »Herr Knoche, Sie wissen ja, welche hohe Priorität unser Projekt hat. Wenn das nicht rechtzeitig fertig wird, bekomme nicht nur ich Ärger von der Geschäftsführung! Alle Beteiligten sitzen mit im Boot, wenn's untergeht.« Armer Herr Knoche, Diener zweier Herren bzw. Damen. Der wird sich das nächste Mal dreimal überlegen, ob er sich zur Projektmitarbeit bereit erklärt.

Bekommt der Mitarbeiter zusätzliche Projektaufgaben, muss er von einem Teil seiner Linienaufgaben entlastet werden.

Die Lösung liegt auf der Hand: Klare Absprachen über Prioritäten, Weisungsbefugnisse und Verantwortung. Diese Absprachen müssen zwischen den Linienvorgesetzten und dem Projektleiter erfolgen und dürfen nicht auf »auf dem Rücken« des Mitarbeiters ausgetragen werden. Ganz wichtig, die Entlastung der Projektbeteiligten in der Linienarbeit. Denn durch die Projektarbeit kommen neue Aufgaben für den Mitarbeiter hinzu. Er muss also durch Vereinfachung oder Delegation von einem Teil seiner bisherigen Aufgaben entlastet werden. Sonst gilt die These: »Da Sie bisher während zwanzig Prozent Ihrer Arbeitszeit eh' nur die Füße auf den Schreibtisch gelegt haben, bleibt Ihnen ja genügend Zeit für die Projektarbeit.« Da es eine gute Führungskraft aber auch auszeichnet, seine Mitarbeiter im positiven Sinne auszulasten und nicht zu überlasten, muss bei einer Projektbeteiligung des Mitarbeiters auch seine Entlastung in anderen Arbeitsbereichen erfolgen. Vielleicht kennen Sie auch den »Das schaffen Sie schon«-Effekt. Natürlich kann man seine Leistung für bestimmte Phasen erhöhen, das geht aber meist nur für eine gewisse Zeit gut. Nach einer Weile ist man ausgebrannt. Achten Sie als Projektleiter darauf, Ihre Mitarbeiter nicht dauerhaft zu überlasten. Leider sieht es in der Realität mit den Absprachen und Entlastungen nicht immer optimal aus, um es vorsichtig auszudrücken.

Das Matrix-Projektmanagement gibt es in zahlreichen Varianten. Der Projektleiter hat nur Projektaufgaben, seine Projektmitarbeiter sind teilweise oder voll mit dem Projekt beschäftigt. Der Projektleiter kann in der sonstigen Linienfunktion über oder unter den Projektbeteiligten stehen. Die Mitarbeiter gehören ständig oder nur zeitweise zum Projektteam. Der Projektleiter hat volle Weisungsbefugnisse oder arbeitet nur als Koordinator. Gibt der Projektleiter den einzelnen Abteilungen Aufgaben und Zielvorgaben, hat aber selbst keine zusätzlichen Kompetenzen, spricht man auch von Einfluss-Projektmanagement.

Matrix-Projektmanagement

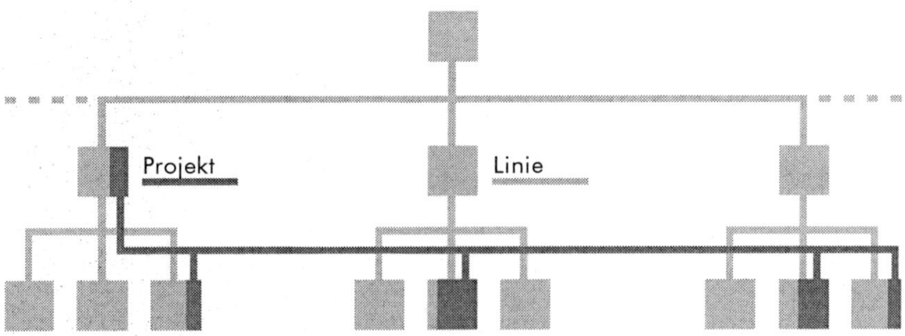

Typische Merkmale, Einsatz, Vor- und Nachteile des Matrix-Projektmanagements:

- Die Projektmitarbeiter sind dem Projektleiter und dem Linienvorgesetzten unterstellt.
- Kompetenzen und Verantwortlichkeiten müssen geklärt werden.
- Die Projektbeteiligten haben Projekt- und Linienaufgaben. Es gibt Mischformen.
- Einsatz meist bei kleinen und mittleren Projekten.
- \+ Höhere Akzeptanz, weil ein Austausch zwischen Projekt- und Linienarbeit stattfindet.
- \+ Wenig Probleme bei der Reintegration der Projektbeteiligten nach Projektende.
- – Es kann zu Konflikten zwischen Projektverantwortung und Linienverantwortung kommen.
- – Überlastung und Demotivation des Mitarbeiters, wenn er die Projektarbeit zusätzlich »aufgebrummt« bekommt.

4

Projektphasen

So kann es ablaufen

4 Projektphasen

Jedes Projekt ist anders. Dadurch ist es schwierig, ein allgemein gültiges Phasenmodell zu formulieren. Trotzdem ist es sinnvoll, anhand einer generellen Form den grundsätzlichen Ablauf eines Projektes darzustellen. Ein Projekt muss nicht zwangsläufig alle Phasen durchlaufen. Die einzelnen Elemente, die in dem nachfolgenden Modell den Phasen zugeordnet sind, können auch in anderer zeitlicher Abfolge durchlaufen werden oder ganz entfallen. Auch kann es passieren, dass man im Laufe eines Projekts zu einer vorherigen Phase zurückkommen muss. So kann es sein, dass Ziele neu geklärt werden müssen oder eine neue Planung erforderlich ist.

Fünf-Phasen-Modell

1 Informelle-Phase
2 Definitions-Phase
3 Planungs-Phase
4 Realisations-Phase
5 Abschluss-Phase

1 ■ Erste, meist diffuse Idee ■ Ideengespräche ■ Erste Voruntersuchung ■ Überlegungen über Projektleitung und Beteiligte ■ Abschluss der informellen Phase: Projektidee/Projektantrag

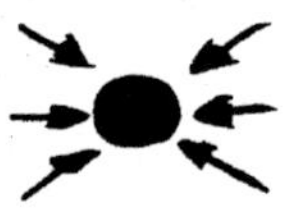

2 ■ Problemanalyse und Zielklärung ■ Grobplanung ■ Durchführbarkeits-, Wirtschaftlichkeits- und Risikoprüfung ■ Bestimmen der Projektbeteiligten ■ Kick-off-Meeting ■ Abschluss der Definitions-Phase: Projektstart/Projektauftrag

3 ■ Von der Grob- zur Feinplanung ■ Definition der Arbeitspakete und Verantwortlichkeiten ■ Festlegung der Meilensteine ■ Abschluss der Planungs-Phase: Projektplan

4 ■ Arbeitspakete durchführen und Meilensteine erreichen ■ Projektverfolgung und -steuerung ■ Planung aktualisieren ■ Abschluss der Realisations-Phase: Projektrealisation/Abnahme

5 ■ Auflösung des Projektteams ■ Reintegration der Projektmitarbeiter ■ Projektabschlussbericht/Projektreview ■ Ende der Abschluss-Phase: Projektabschluss

1 Informelle Phase

»Tag, Herr Landau, gut, dass ich Sie treffe. Ich habe da neulich im Managermagazin über einen neuen Kunden-Telefonservice gelesen. Ich hab' Ihnen den Artikel auf Ihren Schreibtisch gelegt. Schauen Sie doch mal, ob das auch was für uns wäre.« Herr Landau hat noch kein Projekt, aber es könnte eines werden. Die Zündschnur brennt.

In der Ideenwolke zeichnen sich die ersten Konturen des Projekts ab.

- Erste Ideen, kreative Anzätze, vielleicht sogar Visionen

Ein Projekt fällt nicht vom Himmel. Es entsteht meist aus kreativen Anflügen und diffusen Ideen, die dem Chef oder einem Mitarbeiter beim Joggen, in der Sauna oder vielleicht sogar während der Arbeitszeit einfallen. Man hat mal was gesehen, gelesen oder gehört, das Unterbewusstsein arbeitet weiter, und irgendwann entsteht der Wunsch zur Realisierung. Die meisten Ideen werden nicht verwirklicht, weil sie vergessen werden, und das ist schade, denn die Ideen und Visionen von heute sind die Vorteile und Gewinne von morgen. Halten Sie solche Ideen oder Geistesblitze zum Beispiel in einer Ideenkiste oder einem Ideenbuch fest.

- Ideengespräche

In dieser Phase können Sie sich schon mit Kollegen austauschen und die Idee erörtern. Wichtig ist hier eine offene und wertfreie Atmosphäre. Denn mit den bekannten Totschlagargumenten »Alles schon mal probiert« oder »Was ist das denn für eine blöde Idee?« ist schon jede Projektidee im Keim erstickt. Auf neue Ideen kann man gar nicht genug Acht geben.

- Erste Voruntersuchung

Erste Voruntersuchungen sollten zusätzliche Informationen bringen, um in der nächsten Phase besser über Machbarkeit, Realisation, Wirtschaftlichkeit und Risiko entscheiden zu können. Häufig muss die Projektidee auch anderen Personen zur Entscheidung präsentiert werden. Eventuell muss ein Projektantrag formuliert und begründet werden. Da ist es schon hilfreich, ein paar Infos zur Hand zu haben.

- Überlegungen über Projektleitung und Beteiligte

Es werden erste Überlegungen angestellt, wer die Projektleitung übernimmt und wer zum Projektteam gehören könnte.

➔ Abschluss der informellen Phase: Projektidee/Projektantrag

Am Ende dieser Phase steht die mehr oder weniger konkrete Projektidee. Bei Unternehmen oder Institutionen wäre jetzt der formal richtige Schritt, schriftlich einen sogenannten Projektantrag zu stellen.

Die Sache wird auf den Punkt gebracht.

2 Definitions-Phase

So, jetzt wird's konkreter. Das Projekt wird auf den Punkt gebracht, Ziel und Rahmenbedingungen geklärt und erste Grobplanungen gemacht. Am Ende dieser Phase steht der Projektauftrag.

■ Problemanalyse und Zielklärung

»Was ist das Problem?« »Was soll erreicht werden?« Wenn Sie für das Projekt einen Auftraggeber haben, kommt jetzt die Phase der Zielklärung. Wenn Sie selbst Ihr eigener Projektauftraggeber sind, sollten Sie in dieser Phase ebenfalls die Ziele klären, und zwar mit sich selbst oder möglichen Projektbeteiligten. Wichtig ist schriftliches Fixieren der Ziele.

■ Grobplanung

In dieser Phase ist nur eine sehr grobe Planung nötig und möglich.

■ Durchführbarkeits-, Wirtschaftlichkeits- und Risikoprüfung

Sofern möglich, sollte hier abgeklärt werden, ob das Projekt Chancen auf Erfolg hat. Nicht jede Projektidee muss auch zu einem Projekt führen nach dem Motto: »Jetzt haben wir das angefangen, jetzt ziehen wir das auch durch.« Das heißt allerdings nicht, bei jeder Schwierigkeit gleich aufzugeben. Hier gilt es, mit kreativen Ideen nach Alternativen zu suchen. Möglichkeiten zu Problemlösungstechniken werden im Kapitel 9 näher erläutert.

■ Bestimmen der Projektbeteiligten

In dieser Phase sollten auch schon Projektleitung und Projektteam bestimmt werden. Das gibt Sicherheit über Ansprechpartner und Kompetenzen. Wichtig ist es, alle Beteiligten zu informieren. Um die Projektbeteiligten zu informieren und zu motivieren, bietet sich ein so genanntes »Kick-off-Meeting« an.

■ Kick-Off-Meeting

Ziel eines Kick-Off-Meetings ist es, die Beteiligten zu informieren und zu motivieren, »sie in das Projektboot zu holen«, ein Team entstehen zu lassen. Während des Meetings lernen sich die Teilnehmer kennen und werden über Projektinhalt und Ziele informiert.

➔ Abschluss der Definitions-Phase: Projektstart/Projektauftrag

Der offizielle Startschuss fällt. Der formale Schritt wäre der schriftliche Projektauftrag, in dem Ziele und Rahmenbedingungen fixiert sind.

3 Planungs-Phase

Der Plan entsteht. Von der Grob- zur Feinplanung.

Jetzt werden die einzelnen Tätigkeiten, Verantwortlichkeiten und deren zeitlicher Ablauf festgelegt. Hier wird die Grundlage zur erfolgreichen Realisierung gelegt. Es kann vorkommen, dass man hier auch noch einmal zur Zielfindung, das heißt in die Definitionsphase zurück muss. Die Phase endet mit dem Projektplan.

- Von der Grob- zur Feinplanung

Der erste Grobplan wird überarbeitet und eine Detailplanung erstellt. Natürlich muss nicht der Projektleiter die komplette Feinplanung übernehmen. Die einzelnen Projektmitglieder tragen häufig die Verantwortung für die Feinplanung ihrer Aufgabenbereiche. Der Projektleiter muss aber mit der Grobplanung den Überblick bewahren. Im Kapitel 7 finden Sie weitere Informationen zu Planungsinstrumenten.

- Definition der Arbeitspakete und Verantwortlichkeiten

Unter Arbeitspaketen versteht man sinnvoll zusammengefasste, klar abgegrenzte Teilaufgaben. Bei dem Projekt »Betriebsfeier« könnte es zum Beispiel die Arbeitspakete »Getränke und Verpflegung« und »Unterhaltung« geben. Bei der Einführung eines neuen Qualitätssystems: »Schulung der Mitarbeiter« oder »Erstellung der Unterlagen«. Die Arbeitspakete müssen nicht zwangsläufig von den Projektbeteiligten erarbeitet werden. Häufig werden Arbeiten extern vergeben, ein Projektmitarbeiter behält aber in der Regel die Verantwortung. Arbeitspakete sind keine absoluten Inseln. Der Kontakt mit den anderen Projektmitgliedern muss gegeben sein. Ein Arbeitspaket kennzeichnet sich durch die definierte Teilaufgabe, die Benennung des Arbeitspaketverantwortlichen und die Definition von Sach-, Kosten- und Zeitziel.

- Festlegung der Meilensteine

Meilensteine sind Zwischenergebnisse, die inhaltlich und terminlich definiert sind. Sie helfen, den Überblick zu behalten, und erlauben eine bessere Gesamtbeurteilung des Projektablaufes. Meilensteine bieten die Gelegenheit, dass alle Projektbeteiligten über den Ist-Zustand Bericht erstatten, und bieten dadurch die Grundlage für Projektentscheidungen. Ein erreichter Meilenstein kann wieder Auftrieb und Motivation für alle Beteiligten bringen.

➔ Abschluss der Planungs-Phase: Projektplan

Der Projektplan ist das Ziel der Planungs-Phase. Das heißt nicht, dass dieser Plan nicht noch verfeinert oder verändert werden könnte.

Der Plan wird umgesetzt. Die »Projektsteine« werden aufeinandergeschichtet.

4 Realisations-Phase

In dieser Phase wird das Geplante umgesetzt. Das Projekt ist aber kein Selbstläufer. Ergebnisse müssen überprüft, es muss gesteuert und korrigiert werden. In dieser Phase kann es sich ergeben, dass die Projektziele neu definiert werden müssen. Häufig ist eine Neu- oder Umplanung nötig. Am Ende steht die Projektrealisation.

■ Arbeitspakete durchführen und Meilensteine erreichen

Die Arbeitspakete werden abgearbeitet und die geplanten Meilensteine erreicht. Natürlich kann nicht immer alles nach Plan laufen. Der Projektleiter darf nicht denken: »Wir haben ja alles genau geplant, also wird es auch genauso laufen.« In der Realisations-Phase ist Projektverfolgung und Projektsteuerung erforderlich.

■ Projektverfolgung und -steuerung

Soll-Ist-Analyse, Stichtagskontrolle oder Trendanalyse sind klassische Steuerungsinstrumente im Projekt. Weitere Informationen hierzu lesen Sie im Kapitel 8.

■ Planung aktualisieren

Die Planung muss ständig auf dem neuesten Stand gehalten werden. Dazu gehört auch die Information der Projektbeteiligten und der Projektauftraggeber über Veränderungen und Abweichungen.

➔ Abschluss der Realisations-Phase: Projektrealisation/Abnahme

Es ist geschafft. Das Projekt ist realisiert. Der formelle Abschluss wäre die Abnahme durch den Projektauftraggeber.

Das Projekt ist beendet, und die Beteiligten gehen auseinander.

5 Abschluss-Phase

In dieser Phase wird das Projekt formell beendet. Trotzdem gibt es noch einiges zu tun. Die Projektmitarbeiter müssen zu ihrer Linienfunktion zurückkehren. Es lohnt sich immer, ein paar Blicke zurück auf den Projektablauf zu werfen. Erst dann ist der Projektabschluss erreicht.

■ Auflösung des Projektteams

Es ist schade, wenn die Projektbeteiligten nach drei Wochen über vier Ecken erfahren, dass das Projekt beendet ist. Um ein Projekt gut abzuschließen, können Sie der Auflösung des Projektteams einen offiziellen Rahmen geben. Eine Feier mit Lob, Anerkennung und einer Präsentation über den Projekterfolg hat schon manchen Mitarbeiter motiviert, sich auch beim nächsten Projekt wieder voll zu engagieren.

- Reintegration der Projektmitarbeiter

Gerade beim reinen Projektmanagement ist es sehr wichtig, die Reintegration der Projektmitarbeiter in die Linienfunktion gut vorzubereiten.

- Projektabschlussbericht/Projektreview

Wie heißt es so schön: »Es ist nicht schlimm, Fehler zu machen, es ist nur schlimm, sie immer wieder zu machen.« Ein Blick zurück auf den Projektablauf bringt neue Erkenntnisse für die Realisation nachfolgender Projekte. Kernfragen bei der Projektreview sind: »Was ist gut gelaufen?«, »Was könnte wie verbessert werden?«, »Worauf werden wir das nächste Mal achten?«

➔ Ende der Abschluss-Phase: Projektabschluss

Herzlichen Glückwunsch zum erfolgreichen Projektabschluss!

Läuft ein Projekt immer so?

Wie Sie bei Ihren eigenen Projekten vielleicht schon festgestellt haben, läuft jedes Projekt anders. Mal wird ohne Planung angefangen und die ganze Aktion erst im Nachhinein zum Projekt erklärt, mal wird ein Projekt nur geplant, aber nie ausgeführt, ein anderes Mal ist ein Projekt schon abgeschlossen und nachträglich werden einfach die Ziele formuliert.

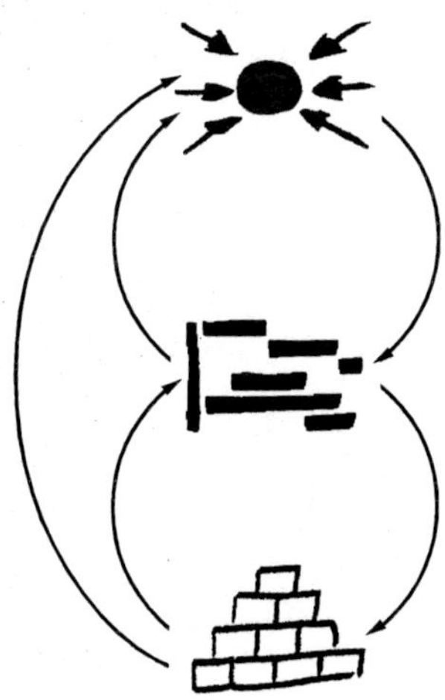

Die meisten »zirkulären« Bewegungen finden zwischen der Planung und der Realisations-Phase statt. Der erste Plan ist der sogenannte Basisplan. Die Veränderungen im Projekt erfordern eine ständige Anpassung und Veränderung des Projektplans. Der neue Plan hat wieder Auswirkungen auf die Projektdurchführung.

Auch das Projektziel kann sich im Laufe des Projektes verändern. Neue Anforderungen kommen hinzu, technische Entwicklungen haben stattgefunden oder das Projektbudget ist zusammengestrichen worden. Die neuen Zielformulierungen können aus der Planungs- oder Realisations-Phase entspringen. Das veränderte Ziel wiederum beeinflusst die Planung und damit wiederum die Realisations-Phase.

5

Projektbeteiligte

Die Menschen im und ums Projekt

5 Projektbeteiligte

Die Personen, die am Projekt beteiligt sind oder damit zu tun haben, sind:

- Projektauftraggeber
- Menschen im Projektumfeld
- Projektleiter
- Projektmitarbeiter

Projektauftraggeber

Projektauftraggeber? Wer kann das sein? Der Kunde, der eine spezielle EDV-Lösung wünscht, der Chef, der ein neues Marketingkonzept will, der Abteilungsleiter, der den Fehleranteil um fünf Prozent senken möchte, der Vorsitzende des Kleingärtnervereins, der ein neues Gebiet erschließen will, der Betriebsrat, der ein neues Bildungsprogramm für die Mitarbeiter wünscht, oder Sie selbst, weil Sie Ihre Wohnung renovieren möchten. Der Projektauftraggeber muss nicht Projektmitarbeiter sein, kann aber. Als Projektauftraggeber sollten Sie die Bereitschaft und den Wunsch mitbringen, die Projektziele konkret mit dem Projektleiter abzusprechen und zu fixieren.

Projektumfeld

Die Menschen im Projektumfeld sind häufig Mitarbeiter, die nicht am Projekt beteiligt sind. »Was machen die da eigentlich?«, »Was kommt da auf mich zu?« sind Fragen, die sich die »Nichtbeteiligten« stellen. Gerüchte entstehen, und die Ablehnung und das Misstrauen können steigen. Das Beste, um solche negativen Effekte zu verhindern, ist eine rechtzeitige und offene Informationspolitik. Häufig hängt der Projekterfolg von der Integration des Projektes im Projektumfeld ab. Bei der Einführung eines neuen EDV-Programms wird nicht nur die Software installiert, sondern die Mitarbeiter müssen das neue System auch akzeptieren und benutzen. Bei dem Projekt »Höhere Kundenzufriedenheit« werden die Kollegen nicht nur im Seminar geschult, sondern sie sollen das neue Konzept auch »leben«. Informationsmöglichkeiten sind Versammlung, Meeting, Aushänge, Mailing oder Mitarbeiterzeitung.

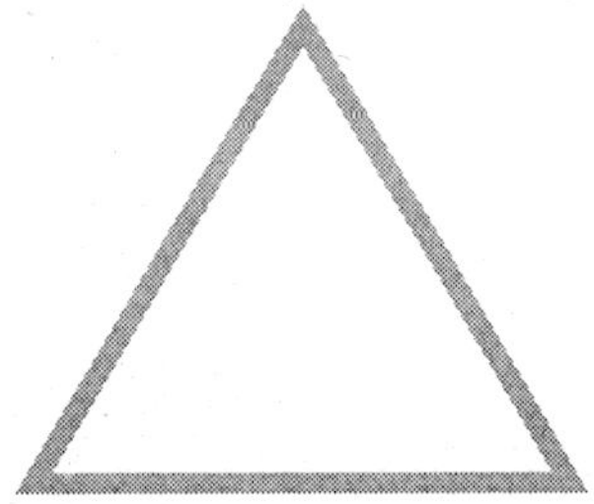

Kompetenzdreieck

Welche Kompetenzen müssen Projektleitung und Projektmitarbeiter mitbringen? Im Modell lassen sich Schwerpunkte durch einen Punkt oder Bereich innerhalb eines Dreiecks deutlich machen: Das so genannte Kompetenzdreieck, das nebenstehend und auf den nächsten Seiten abgebildet ist. Wie ist das Kompetenzdreieck zu verstehen? Die drei Ecken des Dreiecks repräsentieren soziale, fachliche und Methoden-Kompetenz. Je näher ein Punkt innerhalb des Dreiecks an einer Ecke liegt, je stärker ist diese Kompetenz gefordert. Je weiter entfernt der Punkt von einer Ecke liegt, je weniger ist diese Kompetenz gefordert.

- Sozial-Kompetenz

Sozial-Kompetenz ist ein sehr weit gefasster Begriff. Im Projektmanagement ist damit gemeint, dass der Projektleiter mit den psychosozialen Prozessen im Projektteam und Projektumfeld richtig umgehen kann. Widerstände und Konflikte erkennen und sinnvoll reagieren, Gruppenprozesse einschätzen und steuern, Mitarbeiter motivieren und richtig einsetzen, Gruppen leiten und Prozesse gestalten sind wichtige Aufgaben eines Projektleiters.

- Fach-Kompetenz

Mit fachlicher Kompetenz ist hier das Fachwissen in Bezug auf die Projektaufgabe gemeint. Wenn es um den Bau einer neuen Halle geht, wäre das benötigte Fachwissen beispielsweise Statik, Konstruktion oder Materiallehre.

- Methoden-Kompetenz

Kenntnisse über Planungsmethoden, Problemlösungstechniken, Steuerungstechniken oder das Wissen, wie man eine Besprechung leitet, sind Methodenwissen. Das Beherrschen der Projektmanagementmethoden ist die Methoden-Kompetenz im Projekt.

Kompetenzdreieck Projektleitung

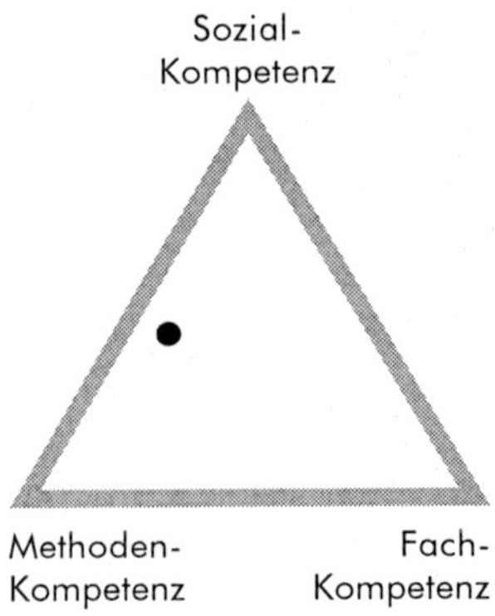

Kompetenzdreieck bei kleineren Projekten

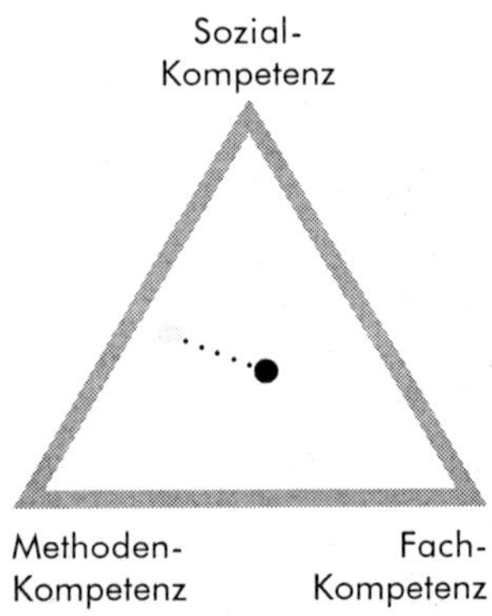

Projektleiter

Wie sieht der ideale Projektleiter aus? Er muss Fähigkeiten und Kompetenzen aus den unterschiedlichsten Bereichen mitbringen.

Die Idealverteilung im Kompetenzdreieck liegt zwischen Sozial- und Methoden-Kompetenz und nicht so stark auf der Fachkompetenz. Der Projektleiter hat hauptsächlich die Aufgabe zu koordinieren, zu motivieren und Projektmanagementmethoden wirkungsvoll einzusetzen. Doch er benötigt auch Fachkompetenz. Sein Fachwissen muss ihm ermöglichen, den fachlichen Überblick zu behalten und sich nach Rückfragen ein eigenes Urteil bilden zu können. Er muss jedoch nicht der fachlich kompetenteste Mitarbeiter sein. Er muss nicht in jedem Bereich der Experte sein. Für Detailwissen und Spezialaufgaben stehen ihm seine Projektmitarbeiter oder externe Experten zur Seite. Von der Gewichtung her sind Methoden-Kompetenz und Sozial-Kompetenz mehr gefordert, um erfolgreich als Projektleiter zu agieren. Bei großen und mittleren Projekten hat der Projektleiter die Rolle des Moderators und Koordinators.

Je kleiner das Projekt ist, desto mehr verschiebt sich der Kompetenzschwerpunkt in Richtung fachliche Kompetenz. Bei kleineren Projekten ist der Projektleiter zu einem größeren Teil auch Projektbeteiligter. Er übernimmt zunehmend auch fachliche Projektaufgaben und erledigt einen Teil der Arbeitspakete selber. Für diese muss er die entsprechende Fachkompetenz mitbringen.

Projektleitung ist eine Führungsaufgabe. Ein idealer Projektleiter vereint die beiden elementaren Führungsziele Lokomotion und Kohäsion. Lokomotion, das aufgabenorientierte Führen, die Motivation zur Zielerreichung, und Kohäsion, das beziehungsorientierte Führen, das Herbeiführen und Aufrechterhalten der Gruppenzusammengehörigkeit.

Projektmitarbeiter

Die Projektmitarbeiter kümmern sich um Arbeitspakete, um Teilaufgaben oder Teilprojekte. Bei ihnen liegt der Schwerpunkt auf der fachlichen Kompetenz. Aber auch hier sind Methoden-Kompetenz und Sozial-Kompetenz gefragt. Auch Projektmitarbeiter müssen beispielsweise Planungstechniken beherrschen und im Team arbeiten können.

Kompetenzdreieck
Projektmitarbeiter

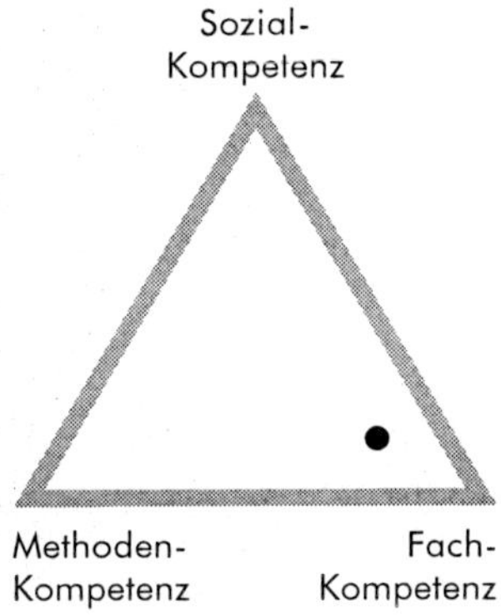

Informationen

»Hab' ich nix von gewusst.« »Mir sagt ja keiner was.« »Ach, das hätte Sie auch interessiert?« »Warum erfahre ich das erst jetzt?« Als Projektleiter sollten Sie sich Gedanken über den Informationsfluss im Projekt machen. Klare Absprachen vermeiden Missverständnisse und Konflikte. Hilfreich ist die generelle Klärung über Bringschuld oder Holpflicht. Muss ich mir die Informationen selber besorgen, also nachfragen, oder werde ich informiert? Bewährt haben sich regelmäßige Informationsberichte zu festgelegten Zeitpunkten. Zu diesen Zeitpunkten wird informiert, auch wenn keine neuen Informationen vorliegen. In diesem Fall lautet die Information dann »keine neuen Informationen«. Auch das ist in der Regel eine Information und besser, als gar nichts zu hören.

Klärungsfragen zum Informationsmanagement:

- Information: Bringschuld oder Holpflicht?
- Berichtspflicht? Wer an wen, wann und was?
- Wer muss über was informiert werden?
- Wie soll informiert werden?
- Bis wann soll informiert werden?
- Bei welchen Vorkommnissen/Ereignissen soll wer informiert werden?

Motivation

Zu den Hauptaufgaben des Projektleiters zählt die Motivation der Mitarbeiter. Das klassische Projekt-Motivationszitat ist: »Wenn du ein Schiff bauen willst, so trommle nicht die Menschen zusammen, um Holz zu beschaffen, Aufgaben zu vergeben, die Arbeit einzuteilen und Werkzeuge vorzubereiten, sondern lehre die Menschen die Sehnsucht nach dem weiten, endlosen Meer.«

Man unterscheidet extrinsische und intrinsische Motivation. Was sagt das Fremdwörterlexikon dazu? »Extrinsische Motivation: von außen her [angeregt], nicht aus eigenem innerem Anlass erfolgend, sondern auf Grund äußerer Antriebe; Gegensatz intrinsische Motivation: von innen her, aus eigenem Antrieb durch Interesse an der Sache erfolgend, durch in der Sache liegende Anreize bedingt.«

Die Schiffsbauer aus dem Zitat wären also intrinsisch motiviert, was in der Regel die effizientere Motivation ist. Versuchen Sie, die Teammitglieder von Betroffenen zu Beteiligten zu machen, sie mit ins Boot zu holen. Tut man etwas wegen Aussicht auf Lob, Anerkennung, mehr Geld, aber auch wegen Vermeidung von Sanktionen, ist man extrinsisch motiviert. Wobei Sie die Androhung von Strafe nicht als Motivationsinstrument einsetzen sollten. Lob und Anerkennung sind da viel wirkungsvoller.

Tipp: Planen Sie das Loben. Setzen Sie sich feste Termine, zu denen Sie schauen, was bei wem gut gelaufen ist, um wohl dosiert zu loben. Gute Leistung wird zu oft als selbstverständlich hingenommen, und nur, wenn etwas schief geht, bekommt der Mitarbeiter die entsprechend negative Rückmeldung. Das Lob muss ehrlich gemeint sein und darf sich nicht auf eine leere Floskel reduzieren.

Konflikte

Ursachen von Konflikten im Verlauf von Projekten sind verschiedene Interessen zwischen den Projektmitgliedern, dem Projektumfeld oder beteiligten Abteilungen. Bei der Entwicklung eines neuen Produktes wäre es zum Beispiel das Interesse der Vertriebsabteilung, ein möglichst günstiges Produkt, das mit allen Leistungsmerkmalen sofort zur Verfügung steht, auf den Markt zu bringen. Die Entwicklungsabteilung wünscht sich dagegen wenig Regeln, viel Geld, unbegrenzte Entwicklungszeit und große Freiheiten. Hohe Stückzahlen, wenig Varianten und einfache Herstellung wären die Wünsche der Produktion. Im Konfliktfall ist das Management des Projektleiters gefragt. Klassisches Konfliktmanagement geht in fünf Schritten vor sich:

- Konflikt benennen
- Konfliktlösungen erarbeiten
- Maßnahmen vereinbaren
- Vereinbarte Maßnahmen umsetzen
- Wirksamkeit der Maßnahmen überprüfen

6

Projektziele

Wo soll's hingehen?

6 Projektziele

Projektziele vereinbaren! »Warum das denn?« - »Es wissen doch schon alle, wo es hingehen soll.« Häufig ist gerade das nicht der Fall. Machen Sie mal einen kleinen Test. Bitten Sie sechs Leute, ein Fortbewegungsmittel zu zeichnen. Wahrscheinlich werden Sie sechs verschiedene Varianten bekommen. Vom Auto bis zum Turnschuh. Die Zielvereinbarung war nicht konkret genug. Wenn etwas erreicht werden soll, ist die Vorstellung der Menschen sehr unterschiedlich, wie das zum Schluss aussehen soll. Ohne Zielvereinbarung endet manches Projekt in der Katastrophe. Stellen Sie sich einen Hausbau oder die Planung einer Urlaubsreise ohne Zielvereinbarung vor. Häufig unterliegt man dem Trugschluss, dass die Anderen schon dasselbe »Bild« im Kopf haben werden.

Müssen überhaupt Ziele vereinbart werden?

Schwer zu sagen. Formulieren wir die Frage um: »Müssen konkrete Ziele schriftlich vereinbart werden, damit das abgeschlossene Projekt von den Projektbeteiligten als erfolgreich erlebt wird?« Ich sage »nein«. Ein Beispiel: Der Kunsthandwerkerverein von Berlin will eine Ausstellung veranstalten. Ein klares Projekt. Fünf begeisterte Mitglieder erklären sich bereit, die Ausstellung zu organisieren. Sie treffen sich regelmäßig, schauen sich Ausstellungsräume an, schreiben Einladungen und lassen einen Katalog drucken. Ende Oktober findet die Ausstellungseröffnung statt, alle sind begeistert und die Ausstellung findet überraschend guten Zuspruch bei Presse und Besuchern. Würde man die fünf Organisatoren fragen, ob ihr »Projekt« erfolgreich ist, würde man fünfmal »ja« als Antwort bekommen. Gab es eine Zielvereinbarung? Na ja, es gab das Ziel »Ausstellung organisieren«, aber ist das eine konkrete Zielvereinbarung? Hätte man am Anfang des Projektes jeden die »ideale« Ausstellung beschreiben lassen, wären wahrscheinlich fünf verschiedene Bilder entstanden. Aber trotzdem ist das Projekt »erfolgreich« abgeschlossen worden.

Für ein erfolgreiches Projekt sind schriftlich fixierte Ziele nicht zwingend notwendig, aber hilfreich.

Das ist jetzt kein Appell, auf die Formulierung von Projektzielen zu verzichten, sondern die Empfehlung, die Ziele, die im Projekteam sicherlich immer ausgehandelt werden, zu einem bewussten Teil des Projektablaufs zu machen.

Wie ist es mit dem Projekterfolg? Wenn Sie die Projektziele klar formuliert haben, können Sie »überprüfen«, ob das Projekt erfolgreich war. Sind die Ziele erreicht worden oder sogar übererfüllt? Die Motivation der Projektbeteiligten hängt viel von einer klaren, engagierten, aber auch realistischen Zielvorgabe ab.

Zielformulierungen sind anstrengend und stressig. Der Vorteil ist, dass alle Teammitglieder ein gemeinsames Bild im Kopf haben und dadurch das Handeln fokussiert werden kann.

Wann sollten Sie unbedingt Projektziele formulieren?

Projektleiter und Projektauftraggeber »müssen« Ziele vereinbaren.

Eine Muss-Situation für die Zielformulierung ist, wenn es einen Projektauftraggeber gibt. Egal, ob Sie der Auftraggeber oder der Projektleiter sind. Hier ist es wichtig, dass die Zielvorstellungen über das Projektergebnis »einigermaßen« identisch sind. Und das muss ausgehandelt und vereinbart werden. Sonst liefern Sie ein Projektergebnis ab, das garantiert nicht den Vorstellungen des Auftraggebers entspricht. Oder Sie als Auftraggeber investieren Geld in ein Projekt, ohne vereinbart zu haben, was rauskommen soll.

Herr Möll arbeitet in einer Keksfabrik. Er hat das Projekt übernommen, die Produktionsdurchlaufzeiten für die Mandelkekse zu verkürzen. Zurzeit liegt die Durchlaufzeit bei 79 Minuten. Er ist zur Zielvereinbarung bei seinem Chef. »So, Herr Möll. Gut, dass Sie die Verantwortung des Projektleiters schultern. Ziel ist ja klar! Runter mit den Durchlaufzeiten. Bringen Sie eine nicht zu teure Lösung, und ich bin sicher, dass Sie das bald hinbekommen. Alles klar, Möller, noch Fragen?« Wenn Herr Möller jetzt ohne Frage aufsteht und das Projekt übernimmt, ist der Konflikt vorprogrammiert. Nach sieben Monaten bringt er eine Lösung, die 3.500,- Euro kostet und die Zeit auf 78:30 Minuten verkürzt. So hatte sich sein Chef das nicht vorgestellt. Aber auch, wenn er in zwei Wochen eine kostenneutrale Verküzung auf 30 Minuten schafft, wird das nicht den Vorstellungen des Auftragsgebers entsprechen. Eine klare Zielformulierung dient auch zur »eigenen Sicherheit«, um Unstimmigkeiten bei der Projektabnahme zu vermeiden. Projektziele werden vereinbart, das heißt ausgehandelt.

Tipp: Wenn Sie Projektleiter sind und es darum geht, die Zielvereinbarung zu treffen, gehen Sie nicht davon aus, dass Ihr Auftraggeber eine klare Zielvorstellung hat nach dem Motto: »Der weiß doch genau, was er haben will.« »Der« weiß es meistens nicht. Der Auftraggeber hat oft diffuse Vorstellungen im Kopf: »Besser, weiter, schneller, einfacher...« Bereiten Sie sich gut auf das Gespräch vor. Machen Sie Vorschläge zur konkreten Zielformulierung, die Sie für umsetzbar und realistisch halten. Sie müssen mit klaren Vorstellungen in das Gespräch gehen, um einen Rahmen zu haben, in dem Sie die Ziele »verhandeln« können.

Ziele verändern sich

»Wir wissen doch noch gar nicht, was alles im Projekt passiert.« »Das kommt darauf an.« »Da können wir uns jetzt noch nicht festlegen.« Das sind einige Antworten, wenn nach den Projektzielen gefragt wird. Häufig ist die Angst, die dahintersteckt, sich »festzulegen«. Und wer will das schon gern. Lieber möchte man sehen, was herauskommt. »Wenn wir uns festlegen sind wir unflexibel.« Warum das? Unflexibel ist man nur, wenn man Projektziele nicht verändert, falls sie sich als irrtümlich herausstellen. Im Laufe des Projekts kann es immer wieder vorkommen, dass die anfänglich vereinbarten Ziele nicht mehr aktuell oder sinnvoll sind. Dann werden sie neu ausgehandelt. Das ist ein bewusster Prozess und eine bewusste Entscheidung.

Ziele vereinbaren und niederschreiben

Erste Regel bei der Zielvereinbarung ist: »Ziele schriftlich fixieren.« Vorteile des Aufschreibens sind, dass Überlegungen konkretisiert, visualisiert und fixiert werden. Dies verleiht dem Ganzen einen verbindlichen Charakter und Klarheit. Sonst geht es Ihnen wie in dem Zitat von Mark Twain: »Als wir das Ziel endgültig aus den Augen verloren, verdoppelten wir unsere Anstrengung.« Bei der Vereinbarung von Projektzielen gilt: »Ein ungeschriebenes Ziel ist kein Ziel.« Die schriftliche Vereinbarung von Zielen gibt Ihnen auch Sicherheit gegenüber Ihrem Projektauftraggeber. Lassen Sie sich nicht mit einem »Na, Sie wissen schon, was ich mir vorstelle« abspeisen. Auch wenn Sie Projektleiter und Projektauftraggeber in einer Person sind, sollten Sie sich die Zeit nehmen, Ihre Ziele schriftlich auszuformulieren. Sind Projektmitarbeiter für abgegrenzte Arbeitspakete verantwortlich, sollten auch hier Ziele vereinbart werden.

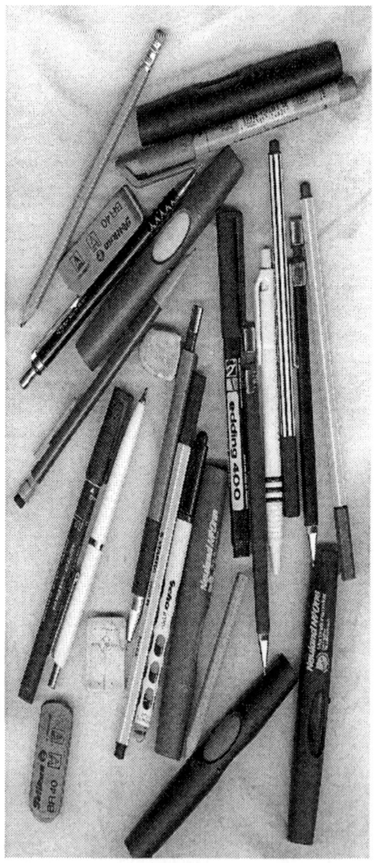

Es gibt nicht nur ein Ziel

Da es in der Regel nicht nur ein Ziel gibt, sondern mehrere - man spricht hier von Zielhierarchie oder Zielbündel -, sind ein paar Punkte zu beachten. Im Prinzip gibt es drei verschiedene Verhältnisse, in denen Ziele zueinander stehen können.

■ Ziele, die sich vertragen

Bei der so genannten Zielidentität oder Zielkompatibilität sind die Ziele zwar unterschiedlich formuliert, bei genauer Analyse stellt sich aber heraus, dass sie sich inhaltlich nicht voneinander unterscheiden. Zum Beispiel: »Weniger arbeiten« und »Mehr Urlaub«.

■ Ziele, die sich nicht vertragen

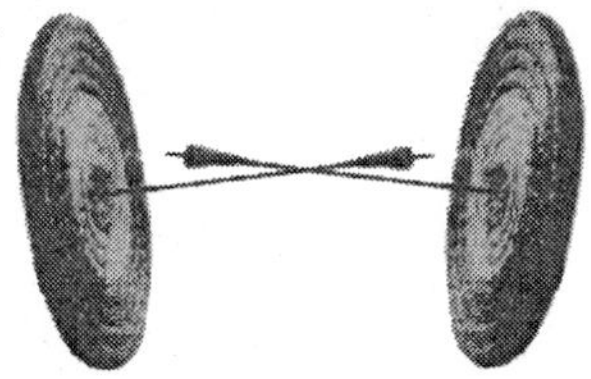

Problematisch wird es nun, wenn sich zwei oder mehrere Ziele nicht so gut vertragen wie in dem obigen Beispiel, so genannte Zielantinomie. »Weniger arbeiten« und »Mehr Geld« oder »Viel essen« und »Schlank sein« sind Beispiele für Ziele, die höchst selten zielkompatibel sind. Bei diesem Effekt spricht man auch von Zielkonflikt oder Zielunvereinbarkeit.

■ Ziele, von denen Sie nichts wissen

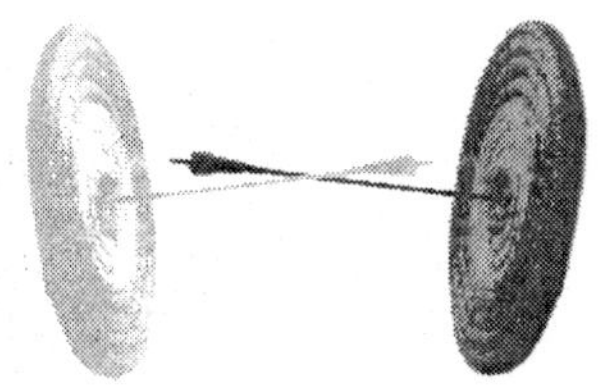

Ganz kritisch wird es bei Zielen, die man als implizite Ziele bezeichnet. Das sind Ziele, die man zunächst gar nicht berücksichtigt oder von denen man gar nicht weiß, dass man sie anstrebt. Um ein einfaches Beispiel zu nennen: Jemand, der gesund ist, wird gewöhnlich »Gesundheit« nicht als sein Ziel nennen. Erst wenn er krank ist, wird die »Gesundheit« zum expliziten Ziel. Beim Streben nach einem offensichtlichen Ziel, das man noch nicht erreicht hat, wird oft vergessen, dass die Erhaltung des gegenwärtigen Zustandes auch ein Ziel sein kann. Implizite Ziele sind häufig so genannte Erhaltungsziele, also das Bestreben, bestimmte Zustände beizubehalten. Zum Beispiel bei dem offensichtlichen Ziel »Rationalisierung« kann sich der »Betriebsfrieden« als implizites Ziel herausstellen.

»Verdeckte« Ziele

Bei manchen Projekten gibt es neben den »offentsichtlichen« Zielen auch verdeckte Ziele. Das Team soll zusammenwachsen, ein »Wir-Gefühl« soll entstehen, durch die Projektarbeit sollen die Beteiligten motiviert werden, das sind Beispiele für Zielsetzungen, die Sie meist nicht in der schriftlichen Zielvereinbarung finden. Trotzdem sollten Sie Ihnen als Projektleiter und Projektbeteiligtem klar sein.

Magisches Dreieck

Bei Projekten gibt es in der Regel drei Hauptziele, die in Verbindung miteinander stehen.

- Sachziel
  Was soll geplant werden? Was soll erreicht werden? Welche Funktionen sollen erfüllt werden? Welche Qualität ist zu erreichen?
- Kostenziel
  Was darf das Projekt insgesamt kosten? Was dürfen einzelne Arbeitspakete kosten?
- Terminziel
  Bis wann soll was erreicht werden?

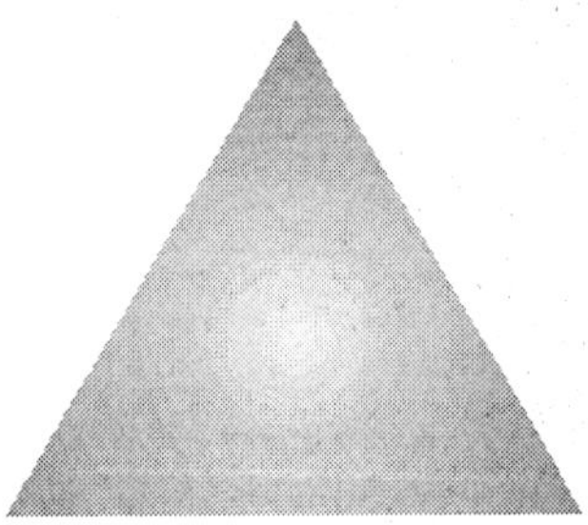

Alle drei Zielgrößen beeinflussen sich gegenseitig. Sie bilden konkurrierende Beziehungen, ein so genanntes magisches Dreieck. Soll das Projekt »Hallenanbau« zwei Wochen vorher fertig werden, dann hat das Auswirkungen auf das Kosten- und/oder Sachziel. Es müssen zusätzliche Leute eingestellt oder Überstunden gemacht werden. Das kostet entweder Geld, oder wir lassen bei der Halle das Dach weg, dann sind wir auch zwei Wochen früher fertig. Werden in einem Projekt zum Beispiel steigende Anforderungen an die Zielgröße »Sachleistung« gestellt, ist in der Regel mit längeren Bearbeitungszeiten zu rechnen. Längere Bearbeitungszeiten rufen höhere Kosten hervor. Aufgrund dieser Zusammenhänge ist eine isolierte Betrachtung der einzelnen Zielgrößen nicht sinnvoll. Wenn eine Zielgröße geändert wird, hat das fast immer Auswirkungen auf die anderen Zielgrößen. Achten Sie als Projektleiter bei der nachträglichen Änderung einer Zielgröße immer darauf, inwieweit andere Zielgrößen beeinflusst werden.

Zielkonflikte vermeiden

Bei der Vereinbarung von Zielen sollten Sie besonders auf Zielkonflikte und implizite Ziele achten, um im Laufe des Projektes oder auch hinterher keine Probleme zu bekommen. Niemand tut sich einen Gefallen, wenn Zielkonflikte am Anfang eines Projektes einfach hingenommen oder implizite Ziele übersehen werden. Denn Papier ist geduldig. Man kann die widersprüchlichsten Ziele - morgen für fünf Mark auf den Mond fliegen - formulieren, vereinbaren und auch aufschreiben. Bei Unvereinbarkeit der Ziele ist das Projekt jedoch von vornherein zum Scheitern verurteilt, und Sie als Projektleiter sind der Dumme. Bei Zielkonflikten und impliziten Zielen muss bei Ihnen sofort die rote Alarmlampe leuchten.

Lösungsneutral

Ziele sollten lösungsneutral formuliert werden. Was heißt das? Wenn irgend möglich, sollte nicht der Weg, sondern der zu erreichende Endzustand beschrieben werden. »Das Team soll am 1. April 2030 auf der Spitze des Eigers (3970 m) sein.« Das wäre eine »wegneutrale« Formulierung. Wird der Weg vorgegeben, zum Beispiel: »Das Team hat mit der Jungfrauenbahn zu fahren oder hat die Südroute der Eigernordwand zu nehmen«, habe ich keine lösungsneutrale Zielformulierung mehr. Dem Team wird die Möglichkeit genommen, eigene kreative und vielleicht effizientere Lösungsmöglichkeiten zu entwickeln.

Beispiel: Bernd ist Biologe. Er ist an einem Projekt zur Renaturierung eines ehemaligen Tagebaugebietes beteiligt. Eine der Zielvorgaben ist, die Population der dort nistenden Schwarzkopfgänse um 15% zu erhöhen. Ein klares Ziel. Der Weg dorthin ist in der Zielbeschreibung vorgegeben, und zwar soll dies mit der Installation von Nistkästen erreicht werden. Das ist zwar auch ein Weg, aber Bernd, der studierte Biologe, kennt viel effizientere und nachhaltigere Möglichkeiten. Leider ist die Zielformulierung nicht lösungsneutral. Somit muss Bernd wohl oder übel den »Weg der Nistkästen« gehen.

Oder eine neue Käuferschicht soll angesprochen werden. Zielformulierung: Erhöhung des Kundenanteils der 16- bis 18-Jährigen auf 20%. Klares, wegneutrales Ziel. Dies mit einer Anzeigekampagne zu tun, würde den Weg zumindest teilweise vorgeben.

Manchmal ist es nicht möglich, die Ziele wegneutral zu formulieren, weil der Auftrageber eben eine Anzeigenkampagne wünscht oder nur Nistkästen vom Europäischen Umweltfonds gefördert werden. Aber wenn möglich sollten Sie als Projektbeteiligter oder -leiter auf eine wegeneutrale Zielformulierung achten.

Es gibt eine kleine Geschichte, die zeigt, wie vorgegebene Wege demotivieren beziehungsweise wie Zielvorgaben mit lösungsneutralen Wegen motivieren können.

Der Chef einer Firma kam eines Tages zu zwei Mitarbeitern und gab ihnen die Anweisung, auf dem zum Unternehmen gehörigen Innenhof ein Loch an einer bestimmten Stelle zu graben. Die Zwei fingen an, und als das Loch etwa einen Meter tief war, kam ihr Chef angestürzt, bedeutete ihnen, das Loch wieder zuzuschütten und in ca. drei Metern Entfernung ein neues zu graben. Als auch dieses wieder einen Meter tief war, wiederholte sich die Anweisung: Zuschütten und an einer anderen Stelle neu beginnen. Können Sie sich vorstellen, wie motiviert die Mitarbeiter waren?

Was war das Problem? Über den Hof führte ein Kabel, welches gefunden und repariert werden musste. Leider waren die Verlegepläne verloren gegangen, und der Chef versuchte, durch zufällige »Probelöcher« das Kabel zu finden.

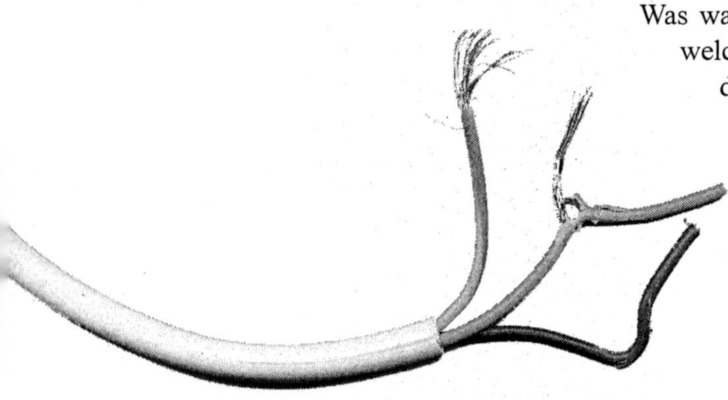

Hätte er seinen Mitarbeitern das Problem geschildert und das Ziel »Kabel finden« vorgegeben, wären die Kollegen mit Sicherheit motivierter an die Arbeit gegangen und hätten vielleicht effizientere und kreativere Wege beschritten, um das Kabel zu finden.

Verständlich, klar, überprüfbar und messbar

Das sind harte Forderungen an die Zielformulierung. Und das bei allen Zielebenen wie Kosten-, Termin- und Sachziel.

Die Ziele sollten klar und verständlich mit möglichst genauer Angabe von Qualität und Quantität beschrieben werden. Manchmal sind es kleine Nuancen, die bei der Zielbeschreibung zu Missverständnissen führen. Beispiel: die Installation eines neuen Computer-Systems. Ist das Projekt abgeschlossen, wenn: »die Computer geliefert wurden«, »die Computer installiert wurden«, »die Computer funktionieren«, »das Betriebssystem läuft«, »alle Programme laufen«, »alle Programme für ein halbes Jahr fehlerfrei laufen« oder sogar erst, »wenn alle Mitarbeiter auf dem System geschult sind und damit arbeiten können«?

Wenn klare Messzahlen und Daten vorliegen, scheint die überprüfbare und messbare Zielformulierung einfacher. Der Fehleranteil soll um 12% reduziert, die Verkaufszahlen um 25% erhöht oder der Kundenstamm um 50 A-Kunden erweitert werden. Dieses »Glück« der Zahlen-Zielformulierung haben Sie in vielen Projekten nicht und es greift auch meist zu kurz.

Um die Zielformulierung in den verschiedenen Dimensionen zu verdeutlichen, ist im Weiteren ein Beispielprojekt dargestellt, welches Sie ebenfalls im Kapitel »Projektplanungstechniken« wiederfinden.

Das Beispielprojekt: Ein Buch soll entstehen. Ein Fachbuch für die Serie »Der Praxisleitfaden...« Das fertige Buch wird in einer Präsentation vorgestellt. Mit dieser Präsentation ist das Projekt abgeschlossen. In den folgenden Abschnitten finden Sie die Zielformulierungen für Kosten, Termin und Sachziel zu diesem Beispiel.

Kostenziel

Unter die Kostenziele fallen die Aufwendungen für das Projekt. Sollen im Projekt Einnahmen erzielt werden, werden diese in der Kategorie »Sachziele« definiert.

Gibt es ein festes Budget oder einen Kostenrahmen, sollte dieser unbedingt vereinbart werden. Wichtig ist, nur Kosten zu vereinbaren, die auch dem Projekt zufallen. Häufig fallen Gemeinkosten an, die nicht in die Projektkalkulation mit einbezogen werden müssen. Nicht bei jedem Projekt gibt es einen Kostenrahmen. Mehr zu diesem Thema im Kapitel »Kostenplanung«.

Bei kleineren oder mittleren Projekten haben Sie oft als Kostenziel ein Gesamtbudget, das nicht überschritten werden darf. Damit ist das Kostenziel klar.

In unserem Beispielprojekt »Erstellen eines Fachbuches« liegt der Kostenrahmen bei 20.000 Euro.

Ein Wert scheint für manche Projekte zu grob. Um detailliertere Kostenvereinbarungen zu treffen, muss man in die geplante Projektstruktur gehen. Zur Einteilung bieten sich zwei Fragestellungen:

- Wie viel soll bis wann ausgegeben werden?

und/oder

- Wie viel soll wofür ausgegeben werden?

■ Beispiel »Wie viel soll bis wann ausgegeben werden?«

Das »Wann« können Zwischenergebnisse und/oder Zwischentermine sein. Hierfür brauchen Sie schon eine grobe Vorstellung über den Projektablauf und Zwischenschritte, bis zu denen bestimmte Beträge ausgegeben werden dürfen. Beim Buchprojekt sind das:

Terminliches Kostenziel

Zwischenschritte	bis Projektwoche	Kumuliertes Budget
Buchkonzept ist erstellt	2	3000,- Euro
1. Fassung ist fertig	10	10.000,- Euro
Freigabe	14	15.000,- Euro
Präsentationsabschluss	17	20.000,- Euro

Die detaillierte Kostenplanung ist etwas anderes als die Zielvereinbarung. Bei der Kostenplanung versuchen Sie, das Projekt so zu planen, dass Sie im vorgegebenen Kostenrahmen bleiben. Manchmal läuft es auch andersherum. Man macht eine Kostenplanung, um dann ein bestimmtes Budget zu beantragen.

■ Beispiel »Wie viel soll wofür ausgegeben werden?«

Bei einigen Projekten lässt sich einfach eine »Wofür«-Vereinbarung treffen. Es gibt Posten für Personal, für Material oder Raummiete. Manche Gelder werden in Projekten nur »zweckgebunden« bewilligt, das heißt, sie dürfen nur für bestimmte Ausgaben, z.B. Infomaterial, verwendet werden. Beim Buchprojekt lässt sich sinnvoll nach Kosten für die »Buchherstellung (ohne Druckkosten)« und Kosten für die »Präsentation« aufteilen.

Objektbezogenes Kostenziel

Budgetaufteilung:

Buchherstellung	15.000,- Euro
Präsentation	5.000,- Euro
Gesamt	20.000,- Euro

Das Terminziel

Ähnlich wie beim Kostenziel gibt es auch hier den Endtermin und Zwischentermine, bis zu denen bestimmte Abschnitte fertig sein sollen. Es gibt Projekttermine, die 100%ig eingehalten werden müssen, soll das Projekt nicht scheitern. Antragsfristen müssen eingehalten werden, Gesetze ändern sich zu einem bestimmten Zeitpunkt, der Jahreswechsel ist unverrückbar am 31. Dezember oder die geplante Geburtstagsfeier für den Chef kann nicht mal um einen Tag verschoben werden. Bei anderen Projektterminen ist etwas größere Flexibilität erlaubt. Ein, zwei Tage später, und das Projekt ist noch nicht gefährdet. Beim Buchprojekt gibt es angepeilte Zwischentermine.

Projektstart am 3. August

Terminziele:

Projektstart, Zwischentermine und Abschluss

Zwischenschritte	ungefähre Terminziele
Buchkonzept ist erstellt	Mitte August
1. Fassung ist fertig	Anfang Oktober
Freigabe	Anfang November
Präsentationsabschluss	Mitte/Ende November

Sachziel

Jetzt wird es schwierig. Kosten und Terminziele lassen sich in eindeutige Zahlen fassen. Soundso viele Euro bis dann und dann.

Um etwas Übersicht und Struktur in die Sachziele zu bekommen, unterscheiden Sie zwischen:

- Projektübergreifendem Ziel
- Projekt-Grobziel und -Feinzielen
- Zielindikatoren
- Zielspezifikationen

Projektübergreifendes Ziel

Einige Projekte sind in einen »größeren Zusammenhang« eingebunden. Das Verbraucherministerium möchte die Akzeptanz biologisch angebauter Produkte erhöhen. Eine Projektidee ist, einen Infostand auf der Grünen Woche in Berlin zu organisieren. Jetzt könnte man sagen, das Ziel des Infostandes sei die »Akzeptanzerhöhung biologisch angebauter Produkte«. Das ist zwar richtig, hilft aber bei der Ausrichtung des Infostandprojektes nur bedingt. Es ist das »projektübergreifende Ziel«.

Bei dem Buchprojekt ist das projektübergreifende Ziel die Erhöhung des Marktanteils und Vervollständigung des Produktsortiments.

Belassen Sie es bei Ihrer Projektzielformulierung nicht bei diesen projektübergreifenden Zielen. Es ist zwar wichtig, diese Ziele im Bewusstsein zu haben, aber wichtig ist auch, genau auf das anstehende Projekt zu schauen. Was soll hier konkret herauskommen?

Projekt-Grobziel und -Feinziele

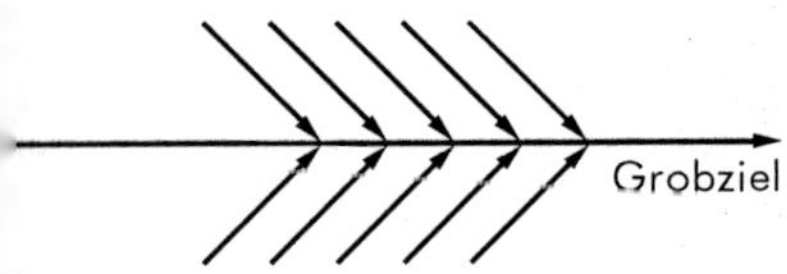

OK, zum Projekt. Was soll beim Buchprojekt herauskommen? Ein Buch, klar, zu einem bestimmten Thema, welches sich in die Reihe »Der Praxisleitfaden...« einfügt. Und eine erfolgreiche Präsentation soll stattfinden.

So weit die Grobziele. Wie Sie sehen, sind es wirklich Grobziele. Noch nichts Konkretes. Und was heißt schon »erfolgreiche Präsentation«?

Aber die Richtung ist schon mal klar: Praxislcitfaden-Buch und Präsentation. Muss man das denn überhaupt vereinbaren? Ist das nicht allen eh´ klar? Vielleicht haben Sie selber schon Projekte erlebt, bei denen noch nicht mal diese Grobziele klar waren. Um was es denn überhaupt geht. Und bei einigen Projekten kann die Vereinbarung der Grobziele schon ein großer Schritt in die richtige Richtung sein, eventuell für den Projekterfolg schon ausreichen. Sie sollten aber noch etwas weiter ins Detail gehen, gerade wenn Sie mit einem Projektauftraggeber verhandeln.

Projekt-Feinziele sind Ziele, die »auch noch« erreicht werden wollen und in dieselbe Richtung deuten wie die Grobziele. Bei der Buchpräsentation sollen neue Kontakte geknüpft werden, das Buch soll anschaulich gestaltet sein und auf der Präsentationsveranstaltung sollen sich alle wohl fühlen.

Ein Zielbündel entsteht. Noch nicht sehr konkret, aber schon differenzierter. Achten Sie hier auf implizite und widersprüchliche Ziele.

Zielindikatoren

Die Forderung an die Zielformulierung war: überprüfbar und messbar. Das ist noch nicht erfüllt. Die Präsentation soll erfolgreich abgeschlossen werden. Wie wird das gemessen?

Gerade bei Zielformulierungen wie: Die Präsentation soll erfolgreich abgeschlossen werden ... Erhöhung der Kundenzufriedenheit ... Optimierung des Informationsflusses ... Verbesserung der Integration ... Anhebung des Ausbildungsniveaus ... wird es schwierig, eine »messbare« Zielformulierung zu finden. Wie messen Sie »erfolgreich«, »Erhöhung«, »Optimierung«, »Verbesserung«, »Anhebung« und vor allem: um wie viel höher, besser, erfolgreicher? Der Einzelhändler Martens vereinbart mit der Marketingagentur einen Projektauftrag für 15.000 Euro zur Erhöhung der Kundenzufriedenheit. Zwei Monate später präsentiert die Agentur zwei neue, zufriedene Kunden. Somit ist die Kundenzufriedenheit im Schnitt angestiegen. So hatte sich Herr Martens das nicht vorgestellt. Sicherlich ein wenig zugespitzt, aber bei solchen »schwammigen« Zielformulierungen können die Vorstellungen von Projektauftraggeber und Projektnehmer gewaltig auseinander laufen.

Die Zielindikatoren geben Rückschlüsse über den Projekterfolg.

Wie kommen Sie nun zu Ihrem messbaren Ziel? Wahrscheinlich werden Sie keine hundertprozentig messbare Lösung finden, aber Sie können sich annähern. Versuchen Sie, so genannte Zielindikatoren zu finden und zu beschreiben. Was heißt das? Man versucht, mehrere »Messgrößen« zu finden, die für die Zielformulierung stehen, das heißt das Ziel zu »operationalisieren«. Woran messen wir den Erfolg ... die Erhöhung ... die Optimierung ... die Verbesserung? Aber wie kommen Sie an solche »Messgrößen«? Ziele sind bestimmte Zustände, die erreicht werden sollen. Also lassen sich diese Zustände auch beschreiben. Über diese »Wunsch-Zustands-Beschreibung« haben Sie einen guten Zugang, um eine Idee für Messgrößen zu bekommen. Bei der Beschreibung dieses Wunschzustandes hilft die Vorstellung: »Wir sind in der Zukunft. Das Projekt ist erfolgreich abgeschlossen. Beschreiben Sie den jetzigen Ideal-Zustand.« Achten Sie bei der Beschreibung auf eine positive Formuierung. Beschreiben Sie eher, »was ist« und nicht, »was nicht ist«.

Hören wir in die Diskussion der Buchprojektgruppe hinein, die gerade für das Projektziel »erfolgreicher Projektabschluss« Messgrößen formuliert.

»So, stellt euch vor, die Präsentation des Buchprojekts ist erfolgreich abgeschlossen. Wir sitzen bei einem Glas Sekt zusammen und klopfen uns auf die Schulter. Was hat sich verändert? Was ist erreicht?« beginnt Helga die Diskussion. »Na klar, wir haben die ganze Startauflage komplett verkauft«, antwortet Harald. »Nun lass' uns aber auf dem Teppich bleiben. Fünfhundert Vorbestellungen wären auch schon ein Erfolg.« Helga hat ein großes Flipchart vorbereitet und notiert alle Ideen stichwortartig mit. Der nächste Vorschlag: »Für mich wäre es ein großer Erfolg, wenn ein Großteil der Leute, die wir einladen, überhaupt zur Präsentation käme und ihnen die Veranstaltung gefällt. Ob es den Teilnehmern gefallen hat, könnten wir mit einer kleinen Umfrage klären.« Am Ende der Diskussion ist folgende Liste entstanden:

Formulierte Ziel-Indikatoren

Messbare Indikatoren für »erfolgreicher Präsentationsabschluss«:

Anzahl der Teilnehmer	mindestens 400
Anteil der Kunden	mindestens 20%
Einladungsrücklauf	mindestens 40%
Vorbestellungen	über 300
Zufriedenheitsabfrage	mindestens 80% gut oder sehr gut

Tipp: Solche messbaren Indikatoren zu finden ist eine gute Möglichkeit, Projekterfolge überprüfbar zu machen. Aber man kann alles übertreiben. Für ein kleines oder mittleres Projekt brauchen Sie keine 500 Messgrößen. Passen Sie den Umfang den Anforderungen an die »Ziel-Formulierungs-Sicherheit« an. Das heißt, wie wichtig ist in der jeweiligen Situation eine klare Zielformulierung mit Auftraggeber, Auftragnehmer und Projektbeteiligten?

Noch ein Tipp: Ein Vorschlag der Buchprojektgruppe war, die Zufriedenheit der Teilnehmer über eine Fragebogenaktion zu messen. Mit so einer Möglichkeit können Sie sich manchmal aus der messbaren Indikatorensuche während der Zielformulierung »herausmogeln«. Nehmen wir noch einmal das Projekt von Einzelhändler Martens: »Erhöhung der Kundenzufriedenheit«. Herr Martens wäre erfreut, wenn die Kundenzufriedenheit um 15% steigen würde. OK, Zielformulierung: »Erhöhung der Kundenzufriedenheit um 15%.« Aber dann stellt sich wieder die Frage, wie Sie das messen. Und hier bietet sich die Möglichkeit, dieses Problem einfach in das Projekt zu verlegen, das heißt zu einem Teil des Projektes zu machen. Am Anfang des Projektes gibt es somit eine Phase »Bestimmung der momentanen Kundenzufriedenheit«. Das wäre der »Ist-Zustand«. Der »Sollzustand« ist bestimmt: »Steigerung um 15%«. Am Ende des Projektes wird abermals die Kundenzufriedenheit bestimmt und diese ist dann hoffentlich um mindestens 15% gestiegen. Damit wäre Herr Martens 100% glücklich. Wie der Zustand der Kundenzufriedenheit am Anfang und am Ende des Projektes gemessen wird, klärt man zu diesem Zeitpunkt noch nicht. Das soll sich das Projektteam in der entsprechenden Projektphase einfallen lassen, ob nun mit einer Fragebogenaktion mit Kundeninterviews oder den Reklamationsquoten.

Spezifikationen

Eine andere Möglichkeit, Projektziele festzulegen, ist, mit so genannten Spezifikationen zu arbeiten. Das geht sehr gut, wenn am Ende einer Projektarbeit ein Produkt oder eine konkrete Dienstleistung steht. Sie versuchen möglichst genau zu beschreiben, welche Anforderungen das Endresultat erfüllen soll. Dies wird auch als so genanntes »Pflichtenheft« bezeichnet. Welche Pflichten soll das Projektresultat erfüllen? Hier gilt es zu beschreiben, wie dick, dünn, hoch, groß, umfangreich, farbig, kompatibel, benutzerfreundlich, weit... usw. etwas sein soll.

Formulierte Ziel-Spezifikationen

Auch hier diskutiert die Buch-Projekt-Gruppe über das Projektziel »Praxisleitfaden-Buch«. Die Ziel-Spezifikationen sehen wie folgt aus:

Seitenzahl	120-160
Format	21 x 25 cm
Umschlag	Farbig, mattfolienkaschiert
Umschlaggestaltung	Passend zur Serie Praxisleitfaden, Leitfarbe »Gelb«
Stil	Praxisorientiert (Beispiel, Bilder, Abbildungen)
...	

Checkliste Zielformulierung

- ✓ Ziele schriftlich fixieren/dokumentieren
- ✓ Zielkonflikte auflösen/vermeiden
- ✓ Ziele realistisch formulieren
- ✓ Ziele lösungsneutral formulieren
- ✓ Ziele verständlich und klar formulieren
- ✓ Ziele überprüfbar und messbar formulieren

7

Projektplanungstechniken

Vernünftig planen, ohne zu überplanen

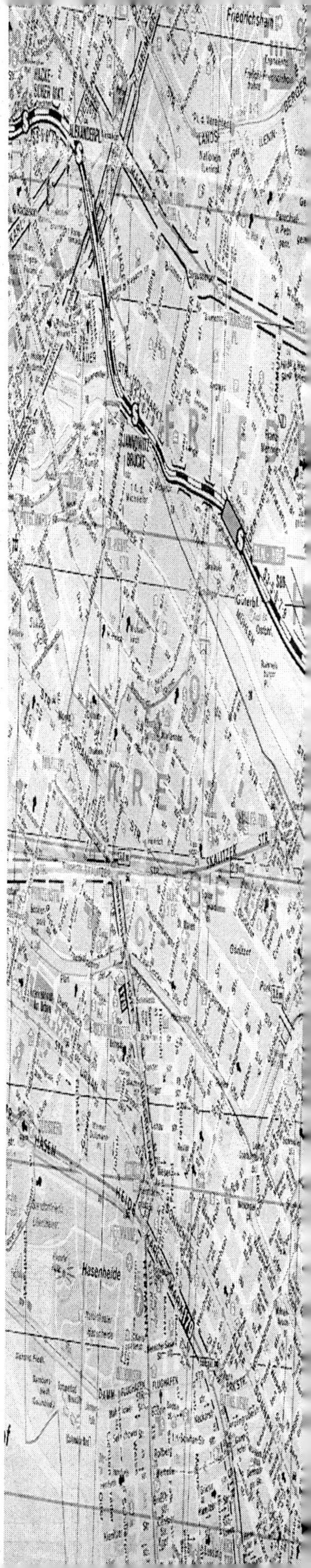

Projektplanung

Ziel der Projektplanung ist es, irgendwie in die Wirren des Projektablaufes Struktur zu bringen. Es geht darum, einzelne Vorgänge im Projekt grafisch darzustellen, um im wahrsten Sinne des Wortes den Überblick zu gewinnen. Im Folgenden sind die klassischen Planungstechniken zusammengestellt, die gut für kleine und mittlere Projekte geeignet sind:

- Meilensteinplan
- Projektstrukturplan
- Projektablaufplan
- Entscheidungen über Vorgangsdauer und -termine

Sie bilden die Grundlage für das:

- Balkendiagramm.

Eine andere Darstellungsform der Projektvorgänge ist der:

- Netzplan.

Das Balkendiagramm ist die Grundlage für eine detailliertere Projektplanung wie:

- Ressourcenplan
- Kostenplan

Die einzelnen Planungsinstrumente und -methoden sind in diesem Kapitel an einem anschaulichen Beispiel dargestellt: »Die Erstellung und Präsentation eines Buches«. Im weiteren Verlauf des Kapitels finden Sie noch ein zusätzliches Beispiel: »Bau einer Grillhütte«. Ich habe bewusst Beispiele aus einem »neutralen« Umfeld gewählt. Alle vorgestellten Planungselemente können Sie auf Ihre Projekte in den unterschiedlichsten Bereichen übertragen.

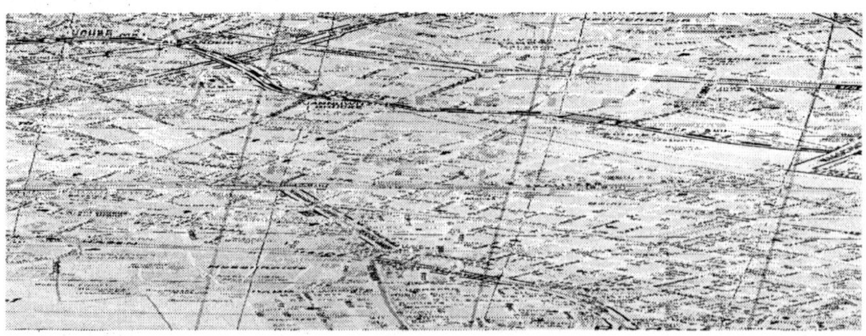

Das Balkendiagramm

Das Balkendiagramm ist die klassische Darstellungsweise der Projektaktivitäten. Um ein Balkendiagramm zu »bauen«, brauchen Sie nur zwei Bausteine:

Bausteine des Balkendiagramms:

Meilensteine und Vorgänge

- Meilensteine
  als »besondere Meilensteine«
  - Projektstart
  - Projektziel
- Vorgänge (Projektaktivitäten)
  und zur besseren Übersicht
  - Sammelvorgänge, in denen mehrere Vorgänge zusammengefasst sind.

Schauen Sie sich die Bausteine etwas näher an.

Projektstart

Zu einem bestimmten Zeitpunkt geht es los. Der Startschuss fällt. Der Projektstart ist sozusagen der erste Meilenstein.

Meilensteine

Meilensteine sind klar erkennbare Zwischenziele. Was ist ein guter Meilenstein? Wählen Sie Zwischenziele, bei denen es keine »Diskussion« gibt, ob das Ergebnis erreicht ist oder nicht. Beispiel: Beim Hausbau ist das Richtfest ein klassischer Meilenstein. Die Definition: »Dachstuhl ist fertig.« Niemand würde vorschlagen, Richtfest zu feiern, wenn das Dach zu 80% fertig ist. Sie können sich vorstellen, wie die Zimmerleute jeden Tag mit ihrem Schnaps in der Hand vor ihrem Werk stehen würden, um zu diskutieren, ob schon 80% fertig sind oder erst 78% oder vielleicht schon 84%? Richtfest verpasst? Dann doch schon besser Richtfest bei »Dachstuhl ist fertig« und keine Diskussion. Ein schönes Kriterium für Meilensteine sind »Feierzeitpunkte«, wenn Sie sagen: »Wenn das erreicht ist, können wir feiern, dann stoßen wir an.« Das ist meist auch ein guter Meilenstein. Noch ein wichtiger Aspekt zur Planungslogik. Meilensteine sind immer Zustände, die zu einem bestimmten Zeitpunkt erreicht sind. Meilensteine haben keine Zeitdauer. Der Meilenstein hat die Dauer »null«. Der Dachstuhl ist zu einem bestimmten Zeitpunkt fertig. Der Vorgang der Erstellung nimmt Zeit in Anspruch, der Meilenstein »Dachstuhl fertig« hat keine Dauer.

Projektziel

Das Projektziel ist erreicht, wenn alle Projektaktivitäten abgeschlossen sind. Alle Meilensteine sind erfolgreich erreicht worden. Man könnte auch sagen, das Projektziel ist der letzte Meilenstein. Zum Thema Projektzielformulierung siehe auch Kapitel 6.

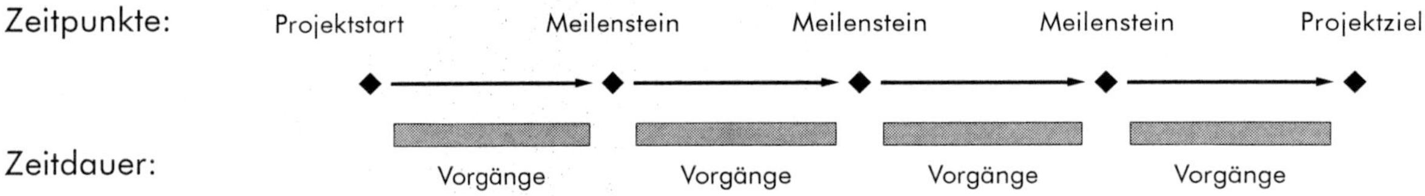

Vorgänge

Gut, die Meilensteine sind die Zwischenziele, die erreicht werden sollen. Aber irgendetwas muss ja auch getan werden, um die Meilensteine und letztendlich das Projektziel zu erreichen. Vorgänge müssen stattfinden. Bei der Beschreibung von Vorgängen versucht man, die Projektaktivitäten in sinnvolle Einheiten zu fassen, die möglichst in einem »zeitlichen Block« zusammengefasst werden können. Für den Dachstuhl muss zum Beispiel

Holz besorgt werden. Das könnte als der Vorgang »Holz besorgen« bezeichnet werden. »Holz zurechtschneiden« wäre ein anderer Vorgang.

Nochmals zur Planungslogik. Vorgänge haben immer eine Zeitdauer. Sie können dem Vorgang immer eine Anzahl von Tagen, Wochen oder Monaten zuordnen. Der Vorgang »Holz besorgen« dauert drei Tage.

Sammelvorgänge

Der Übersicht halber können Vorgänge nochmals in so genannte Sammelvorgänge zusammengefasst werden. Zum Beispiel könnte man alle Aktivitäten, die mit der Besorgung von Material wie Holz, Schrauben, Nägeln, Dübeln zu tun haben, unter der Sammelaktivität »Material besorgen« zusammenfassen.

Planungslogik: Da sich die Sammelvorgänge aus den einzelnen Vorgängen ergeben, haben die Sammelvorgänge immer eine Zeitdauer.

Schritte zum Balkendiagramm

Die Bausteine für das Balkendiagramm sind hiermit klar. Aber wie bauen wir diese zusammen? Der Weg zum Balkendiagramm besteht aus fünf Schritten:

- Meilensteinplan
- Projektstrukturplan
- Projektablaufplan
- Entscheidung über Vorgangsdauer und -termine
- Balkendiagramm

Schritte zum Balkendiagramm

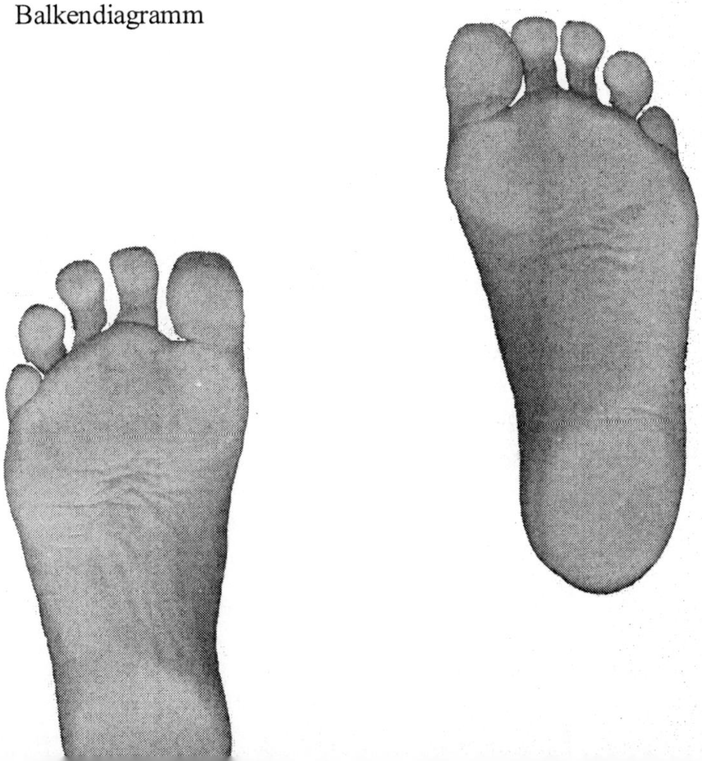

Meilensteinplan

Das Beispielprojekt: Ein Buch soll entstehen. Ein Fachbuch für die Serie »Der Praxisleitfaden...« Zum Projektteam gehören Helga als Hauptkoordinatorin und Projektleiterin, Peter ist Layouter und Grafiker, Anne die Lektorin, Dagmar ist der PC-Freak des Teams und Harald der Autor.

Welche Entscheidungen müssen gefällt werden, um den Meilensteinplan zu erstellen? Benötigt werden der Projektstart, die Meilensteine und das Projektziel.

Das Team ist sich schnell einig. Projektstart ist der dritte August. Die Grobziele sind: Erstellung eines Buches und erfolgreiche Präsentation des Buches vor interessiertem Publikum. Die genauere Zieldefinition finden Sie in Kapitel 6.

Zu den Meilensteinen. Was ist der erste Schritt, das erste erkennbare Zwischenziel? »Zuerst muss ein Buch-Konzept her,« schlägt Helga vor. Das heißt, die Fragen zu klären: »Welche Zielgruppe soll angesprochen werden?«, »Welchen Stellenwert sollen die Abbildungen haben?«, »Wie soll der Schreibstil sein?« usw. Der erste Meilenstein: »Buchkonzept ist erstellt.«

Dann können die Texte und die Abbildungen entstehen. Nächster Meilenstein: »Erste Fassung ist fertig.« Jetzt schaltet sich Anne ein: »Nach der ersten Fassung müssen wir uns an das Lektorat machen. Das heißt, Harald und ich korrigieren die Endfassung der Texte und Abbildungen. Wenn alles OK ist, erklären wir die Freigabe.« Super Meilenstein: »Freigabe«.

Das Ganze soll dann vor interessiertem Publikum präsentiert werden. Damit ist der letzte Meilenstein und gleichzeitig das Projektziel »Präsentationsabschluss« erreicht.

Der Meilensteinplan sieht somit folgendermaßen aus:

Meilensteinplan:

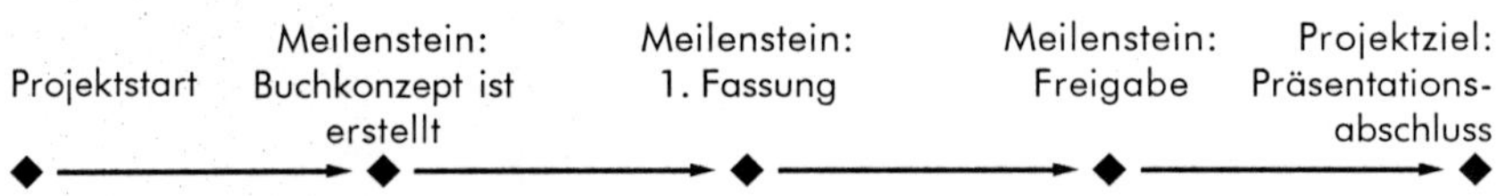

Tipp: Formulieren Sie die Meilensteine bewusst als »Zeitpunkte«. Also zum Beispiel nicht »Konzept erstellen«, was eine bestimmte Zeitdauer in Anspruch nehmen würde, sondern besser »Konzept ist erstellt«. Nicht »Text schreiben«, sondern besser »Text ist fertig«. Damit haben Sie deutlich Zwischenziele beschrieben.

Projektstrukturplan

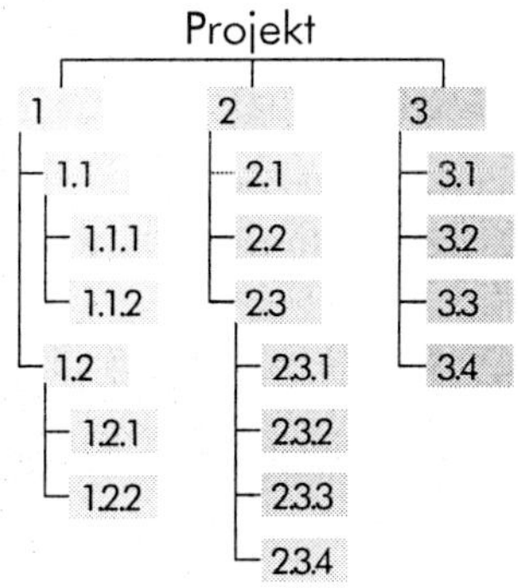

Der Projektstrukturplan, kurz PSP, gibt eine Übersicht über die Meilensteine, Vorgänge und Sammelvorgänge des Projektes. Es entsteht eine hierarchische Struktur der Vorgänge. Diese Struktur kann mehrere Gliederungsebenen besitzen. Wie detailliert gegliedert werden sollte, hängt von der Größe des Projektes ab. Auf die Gliederungsebene lässt sich ein Nummernsystem übertragen. Nebenstehend sehen Sie ein schematisches Beispiel für einen Projektstrukturplan.

Somit ist klar, was entschieden werden muss, um den Projketstrukturplan für das »Buch-Projekt« zu erstellen. Es fehlen die Vorgänge und Sammelvorgänge. Die Meilensteine haben wir schon aus dem Meilensteinplan. Jetzt lautet die Frage: »Was muss getan werden, um die Meilensteine zu erreichen?« Diese Aktivitäten sollen in sinnvollen Vorgängen beschrieben werden. Die Sammlung der Aktivitäten kann zum Beispiel in Form eines Brainstorming, Mind-Map oder einer Kartenfrage erfolgen. Mehr dazu im Kapitel 9. In unserem Beispiel trifft sich das fünfköpfige Projektteam bei Helga in der Redaktion. Helga hat einen großen Bogen Papier auf eine Pinnwand gespannt. Darauf hat sie schon das Thema und die Meilensteine notiert. Auf Zuruf der Teammitglieder entsteht eine Sammlng der Aktivitäten. Im nächsten Schritt werden die Aktivitäten zu sinnvoll zusammengehörigen Vorgängen gebündelt und den Meilensteinen zugeordnet.

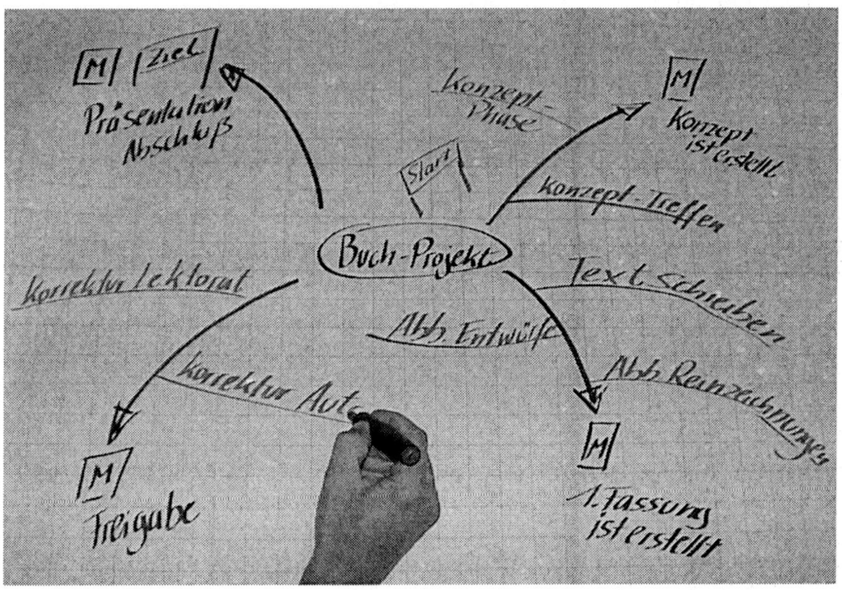

Aktivitäten werden gesammelt.

Wenn die dem Meilenstein zugeordneten Vorgänge abgearbeitet worden sind, ist der Meilenstein erreicht. Mehrere Vorgänge, die thematisch zusammengehören, werden in einem Sammelvorgang zusammengefasst. Am Ende dieser diskussionsreichen Sitzung ist folgende Übersicht entstanden:

Projektstrukturplan:

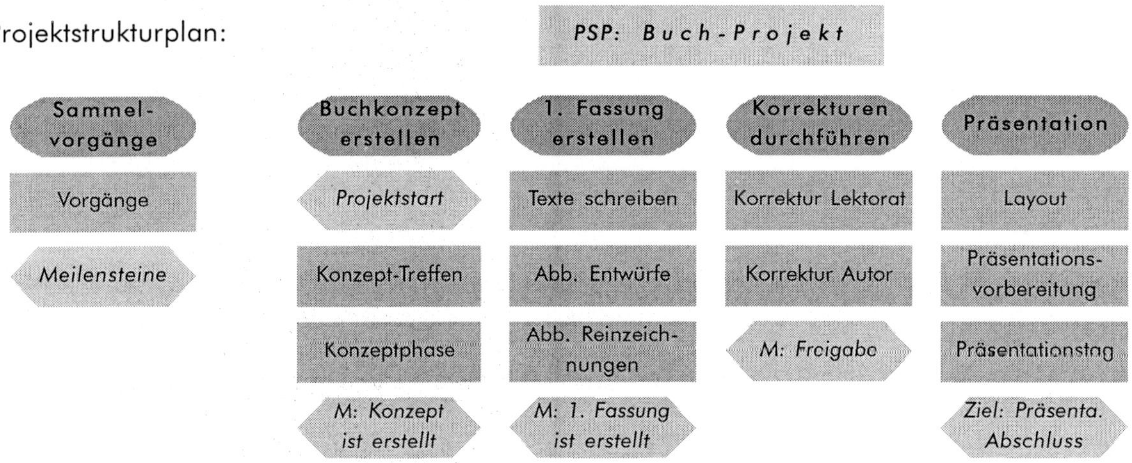

Das ist der Projektstrukturplan, in dem alle Meilensteine, Vorgänge und Sammelvorgänge des Projektes in übersichtlicher Weise dargestellt sind. Was muss beispielsweise alles getan werden, um den Meilenstein »Erste Fassung ist fertig« zu erreichen? Harald muss die Texte schreiben und die Hand-Entwürfe der Abbildungen liefern. Aus den Bleistiftskizzen von Harald fertigt Peter die Reinzeichnungen auf dem PC. Diese Vorgänge sind im Sammelvorgang »Erste Fassung erstellen« zusammengefasst.

Zwischenbemerkung: Vorgänge befassen sich nicht mit der »inhaltlichen« Ebene der Tätigkeit. Die Buchprojekt-Planungsgruppe entscheidet in dieser Planungsphase »nur«, dass es den Vorgang »Text schreiben« im Projekt gibt, sie schreibt nicht den Text. Es wird geplant, dass es die Phasen »Präsentationsvorbereitung« gibt, die Präsentation wird nicht vorbereitet. Die inhaltlichen Arbeiten erfolgen erst, wenn dieser Vorgang im Projekt läuft. Klingt logisch, trotzdem passiert es immer wieder, dass in dieser Planungsphase schon inhaltliche Ideen diskutiert werden. Soll zur Präsentation ein kaltes Buffet organisiert werden, wird ein Beamer benötigt und muss es unbedingt eine schöne Raumdeko mit Blumen geben? Gerade wenn im Planungsteam Personen dabei sind, die für die konkrete Umsetzung der Vorgänge verantwortlich sind, werden Sie immer wieder inhaltliche Ideen und Diskussionen dabei haben. Das ist nicht tragisch. All diese Ideen können Sie in dieser Phase schon festhalten, sie haben aber nichts mit dem Projektstrukturplan zu tun. Versuchen Sie in der Planungsdiskussion, zum Projektstrukturplan zurückzuführen. In dieser Phase der Planung kann es für die Teammitglieder auch erleichternd sein, noch keine inhaltlichen Lösungen zu präsentieren. Man plant die Vorgänge und macht sich noch keine Gedanken über die Umsetzung. In der Planungsphase wird noch keine »eigentliche« Projektarbeit geleistet. Die Projektarbeit wird geplant.

Projektablaufplan

Bisher wurden, vom Projektstart abgesehen, noch keine zeitlichen Entscheidungen gefällt. Was vorliegt, ist eine Übersicht über die Vorgänge, Meilensteine und Sammelvorgänge. Die erste »zeitliche« Entscheidung, die gefällt wird, ist die Reihenfolge der Vorgänge. Es entsteht der Projektablaufplan, kurz PAP. Hierbei sind zwei wichtige Fragen zu klären: »Welche Aktivitäten müssen nacheinander ausgeführt werden?«, das heißt, welche Aktivität muss abgeschlossen sein, um die nächste anfangen zu können. Zum Beispiel kann man eine Wand erst streichen, wenn sie gemauert ist. Daraus ergibt sich meist auch schon die Antwort auf die zweite Frage: »Welche Aktivitäten können parallel bearbeitet werden?« Zum Beispiel kann auf die gemauerte Wand gleichzeitig der Außenputz aufgebracht und innen gestrichen werden. Die Vorgänge »Außenputz« und »innen streichen« können parallel laufen. Die Vorgänge werden also in eine logische Reihenfolge gebracht. Dabei müssen die Vorgänge aus dem Projektstrukturplan nicht zwangsläufig chronologisch ablaufen. So kann es sein, dass ein Vorgang aus »Sammelvorgang eins« parallel zu einem Vorgang des »Sammelvorgangs fünf« laufen kann und andere Arbeiten aus einem Sammelvorgang hintereinander geplant werden müssen. Die Festlegung der »logisch-zeitlichen« Abfolge zwischen den Vorgängen nennt man auch »Verknüpfung«.

Welche Vorgänge können parallel laufen?

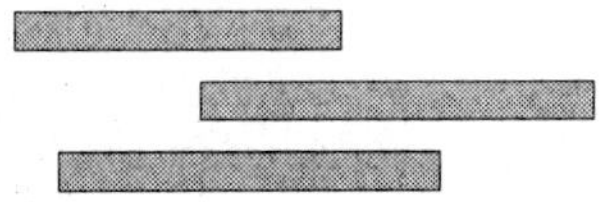

Welche müssen hintereinander laufen?

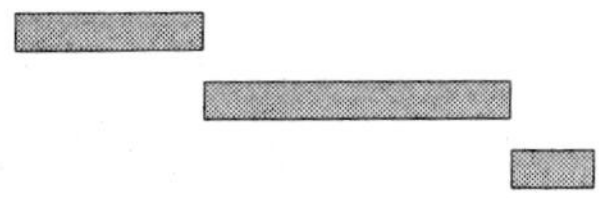

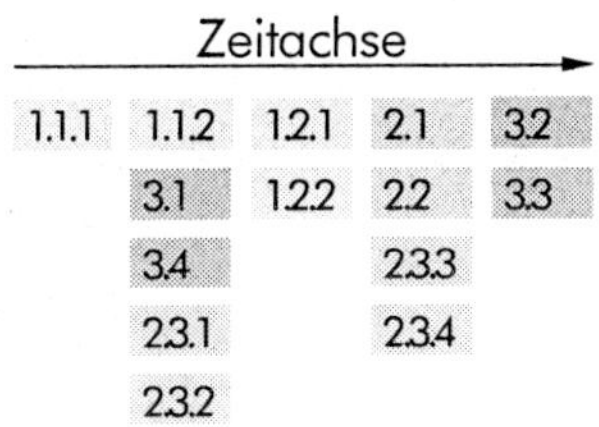

Das Buch-Projektteam sitzt zusammen und plant den Projektablaufplan. Dazu werden alle Vorgänge und Meilensteine in eine logische Reihenfolge gebracht. Bei jedem Vorgang wird folgende Überlegung angestellt: »Welche Vorgänge müssen abgeschlossen sein, bevor ein nächster Vorgang beginnen kann?« Man bestimmt die »Vorgänger-Vorgänge«. Hören wir in die Überlegungen des Projektteams hinein.

»Der Anfang unseres Projektes ist relativ klar. Zuerst findet das Treffen statt, in dem wir gemeinsam die Konzept-Ideen sammeln. Danach füge ich die gesammelten Ideen zu einem Konzept zusammen. Wenn das abgeschlossen ist, haben wir den Meilenstein ›Konzept ist erstellt‹ erreicht. Diese Vorgänge laufen alle hintereinander,« beginnt Helga die Diskussion.

»Vorher gibt es natürlich den Projektstart,« ergänzt Dagmar. »Wenn das Konzept steht, kann ich mit den Texten und Abbildungen beginnen,« mischt sich Harald ein, »und das kann parallel bearbeitet werden. Das heißt, wenn ich den Text schreibe, ist es möglich und auch sinnvoll, dazu gleich die Abbildungsentwürfe zu fertigen. Wahrscheinlich werde ich mit den Zeichnungen sogar eher fertig sein als mit den Texten.« »Welcher Vorgang wie lange dauert, entscheiden wir erst im nächsten Schritt,« bremst Helga den Überlegungsfluss. Peter, der Layouter, beginnt erst mit den Reinzeichnungen, wenn alle Abbildungsentwürfe abgeschlossen sind. Die Korrekturphase von Autor und Lektorin läuft wiederum parallel an verschiedenen Kapiteln und in gegenseitiger Absprache bis zum Meilenstein Freigabe. Mit dem Layout wird aber erst begonnen, wenn Texte und Abbildungen freigegeben sind. Parallel dazu kann die Präsentation vorbereitet werden. Erst wenn die Präsentation vorbereitet und das Layout mit Musterdruck fertig ist, kann der eigentliche Präsentationstag stattfinden. Dieser endet hoffentlich mit einer erfolgreich abgeschlossenen Präsentation vor interessiertem Publikum, dem letzten Meilenstein und gleichzeitig dem Projektende.

PAP: Buch-Projekt

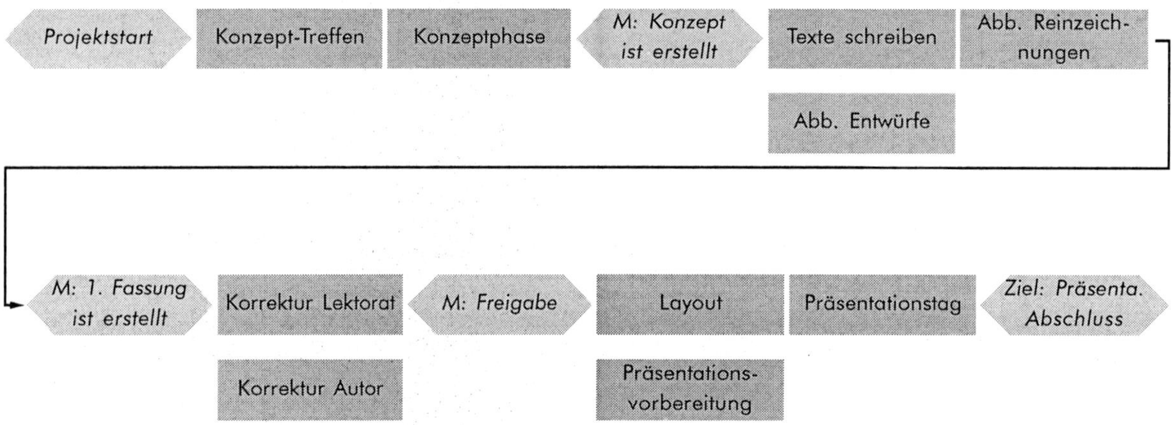

Entscheidungen über Vorgangsdauer und -termine

Die nächste zeitliche Überlegung ist zu entscheiden, wie lange ein Vorgang wahrscheinlich in Anspruch nimmt und ob es feste Zwischentermine, zum Beispiel für bestimmte Meilensteine, gibt. Die Dauer der Sammelvorgänge ergibt sich aus den zugeordneten Vorgängen, wenn man im nächsten Schritt das Balkendiagramm entwirft. Somit reicht es aus, die Dauer der Vorgänge zu bestimmen.

Im Buchprojekt gibt es nur einen festen Termin, das ist der Projektstart. Jetzt muss für die einzelnen Vorgänge die Dauer festgelegt werden. Der Übersicht halber holt Helga den Projektstrukturplan nochmals hervor. Gemeinsam wird für jeden Vorgang die Dauer in Tagen bestimmt. Dabei schätzt man der Enfachheit halber die Dauer, die der Vorgang im Projektablauf in Anspruch nehmen wird, und nicht die Dauer der tatsächlich vollen 8-Stunden-Arbeitstage. Wenn Harald zum Beispiel für den Vorgang »Text schreiben« vierzig Arbeitstage eingeplant haben möchte, so heißt das nicht, dass Harald tatsächlich 40 volle Tage lang schreibt. Es bedeutet nur, dass der Vorgang innerhalb dieser vierzig Arbeitstage »irgendwie« abgearbeitet werden soll. Es kann also sein, dass ein Vorgang mit zehn Arbeitstagen im Plan steht, tatsächlich aber nur drei Stunden reine Arbeitszeit enthält. Bei kleinen und mittleren Projekten reicht diese Überlegung zur »Vorgangsdauer« in der Regel aus. Bei der Umsetzung im Balkendiagramm müssen Sie dann darauf achten, was Arbeitstage sind. Zählen bespielsweise Samstag und Sonntag dazu? Wenn nicht, ergeben zehn Arbeitstage eine Zeitspanne von zwei Wochen.

Alternativ zur Festlegung der Vorgangsdauer in einer Zeitspanne können Sie den Anfangs- und Endtermin des Vorgangs als Datum festlegen. Indirekt bestimmen Sie auch hier die Dauer des Vorgangs. Bei dieser Methode müssen Sie aber hier schon darauf achten, dass Vorgänge, die hintereinander laufen, auch tatsächlich sequenziell angeordnet sind und nichts parallel läuft, was von der Ablauflogik nicht parallel laufen kann. Hier hilft ein Blick in den Projektablaufplan.

Unten sehen Sie den Projektstrukturplan, ergänzt um die Dauer der Vorgänge in Arbeitstagen.

Balkendiagramm

Das wohl gängigste und auch anschaulichste Planungsinstrument im Projektmanagement ist das Balkendiagramm, auch Gantt-Diagramm genannt. Jedem Vorgang wird ein Startzeitpunkt, eine Dauer und damit auch ein Endzeitpunkt zugeordnet und in Form eines Balkens dargestellt. Haben Sie einen Projektstrukturplan, einen Ablaufplan und die Entscheidungen über Dauer und feste Termine der Vorgänge gefällt, haben Sie alle Informationen, um ein Balkendiagramm zu zeichnen. Die Darstellung des Balkendiagramms ist »nur noch« die grafische Umsetzung dieser Entscheidungen. Um ein Balkendiagramm zu zeichnen, müssen folgende Entscheidungen gefällt sein: Projektstart, Meilensteine, Projektziel, Vorgänge, Sammelvorgänge, Verknüpfung der Vorgänge, Dauer und Termine der Vorgänge.

Für das Buchprojekt hat Dagmar, die PC-Frau aus dem Team, alle Informationen in ihren Computer eingegeben und mit einem Projektplanungsprogramm ein Balkendiagramm erstellt. Hierin sehen Sie die typischen Informationen, die Sie aus einem Balkendiagramm ablesen können.

- Vorgangsliste und Dauer der Vorgänge

Eine Liste mit Vorgängen, Sammelvorgängen und Meilensteinen, die aus dem Projektstrukturplan abgeleitet sind. Hier kann auch ein hierarchisches Nummernsystem übernommen werden.

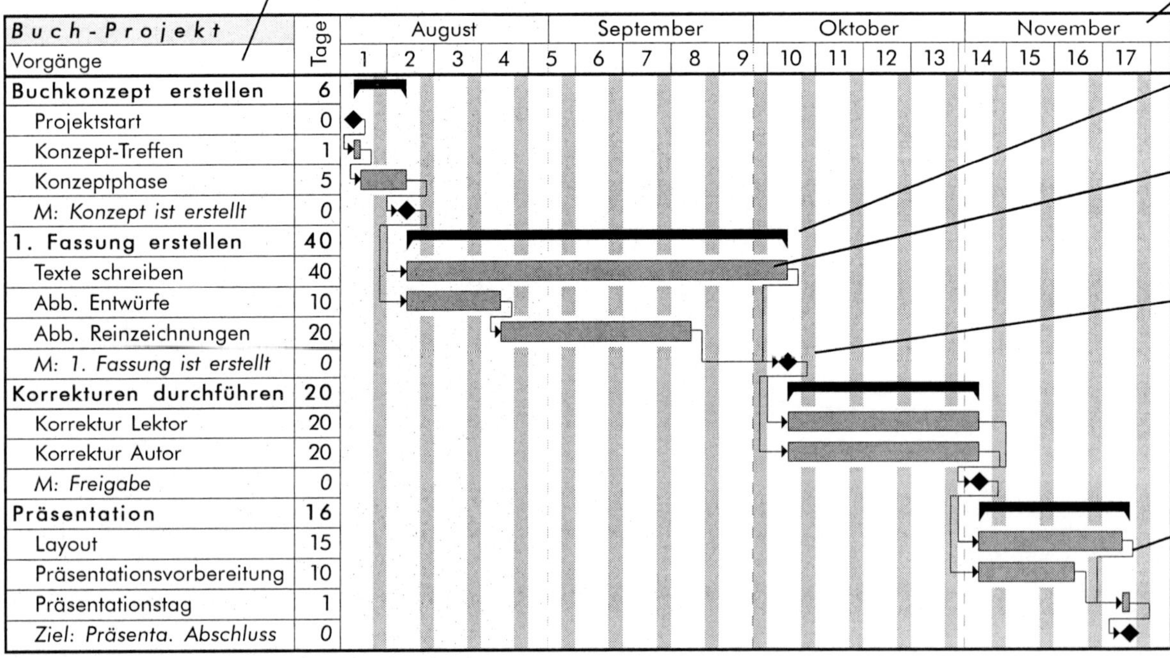

In der »Tage«-Spalte ist die Dauer der Vorgänge und Sammelvorgänge notiert. Falls mit Sammelvorgängen gearbeitet wurde, ergibt sich die Dauer aus den zugeordneten Vorgängen. Deshalb muss die Dauer der Sammelvorgänge nicht extra bestimmt werden. Meilensteine, Projektstart und Projektziel sind alles Zeitpunkte und haben somit die Zeitdauer »null Tage«. Zusätzlich kann hier eine Spalte mit der Information »Start- und Enddatum« der Vorgänge aufgelistet werden.

In diesem Beispiel ist die Zeitdauer in Arbeitstagen für jeden Vorgang aufgelistet. Arbeitsfreie Tage wie Samstag und Sonntag sind nicht enthalten.

- Zeitachse

Oberhalb befindet sich die Zeitachse. Die Zeitachse kann unterschiedlich skaliert sein. Je nach Dauer des Projektes sind hier Tage, Monate oder Jahre dargestellt.

In diesem Beispiel sehen Sie die Monate und darunter die Einteilung in erste bis siebzehnte Projektwoche. Die arbeitsfreien Wochenenden, Samstag und Sonntag, sind als senkrechte graue Balken dargestellt.

- Sammelvorgänge

Im Balkendiagramm sind Sammelvorgänge durch eine von den Vorgangsbalken abweichende Art dargestellt. Den Sammelvorgängen hierarchisch untergeordnet sind die dazugehörigen Vorgänge und Meilensteine.

- Vorgänge

Jedem Projektvorgang ist ein Balken zugeordnet. Durch die grafische Darstellung lässt sich schnell und einfach die Dauer und der Start- und Endzeitpunkt jeder Projektaktivität erkennen.

- Meilensteine, Projektstart, Projektziel ◆

Meilensteine, Projektstart und Projektziel sind alles Zeitpunkte, die in diesem Beispiel durch eine Raute dargestellt sind.

- Verknüpfungen

Welche Aktivität folgt welcher? Was muss vor welcher Arbeit erledigt werden? Dies wird durch die Verknüpfungen sichtbar gemacht. Grundlage für die Darstellungen der Verknüpfungen im Balkendiagramm ist der Projektablaufplan. Abgeleitet aus dem Projektablaufplan lässt sich die zeitliche Zuordnung der Aktivitäten zueinander ablesen.

Warum Sammelvorgänge?

Warum kann es sinvoll sein, mit Sammelvorgängen zu arbeiten? Bei etwas umfangreicheren Projekten erleichtern Sammelvorgänge den Überblick. In der Darstellung können die »Vorgänge der unteren Ebenen« ausgeblendet werden und Sie haben einen Überblick über die »größeren Zusammenhänge«. Unten sehen Sie ein Balkendiagramm, in dem »nur noch« die Sammelvorgänge des Buchprojektes dargestellt sind. Mit einem Augenaufschlag hat Helga, die Leiterin, den Überblick über das gesamte Projekt.

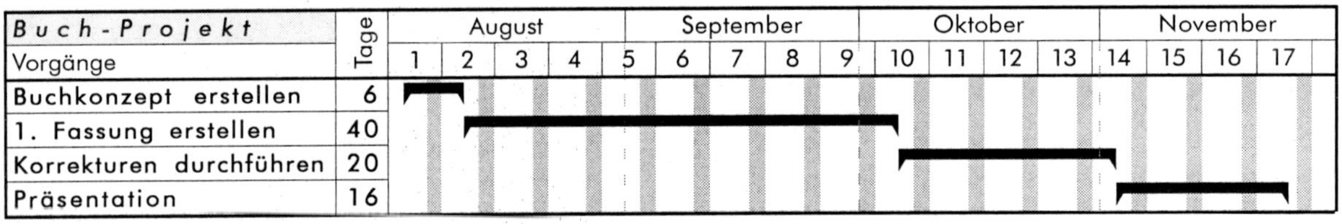

Die Tücke mit den Verknüpfungen

Die Standardverknüpfung zwischen Vorgängen oder Meilensteinen ist die so genannte »Ende-Anfang-Verknüpfung«, kurz »EA«. Was bedeutet das? Jeder Vorgang (oder Meilenstein) hat mindestens einen Vorgängervorgang (oder Vorgängermeilenstein). EA bedeutet, dass der Vorgängervorgang abgeschlossen sein muss, bevor der nächste Vorgang beginnen kann. Vorgänge, die parallel laufen, haben somit einen gemeinsamen Vorgängervorgang. EA-Verknüpfungen sind der Standardfall. Aber es gibt Ausnahmen, wie Sie gleich sehen werden. Aber schauen Sie sich zuerst die EA-Verknüpfung im Beispiel an. Dazu ein Ausschnitt des Balkendiagramms aus dem Buchprojekt.

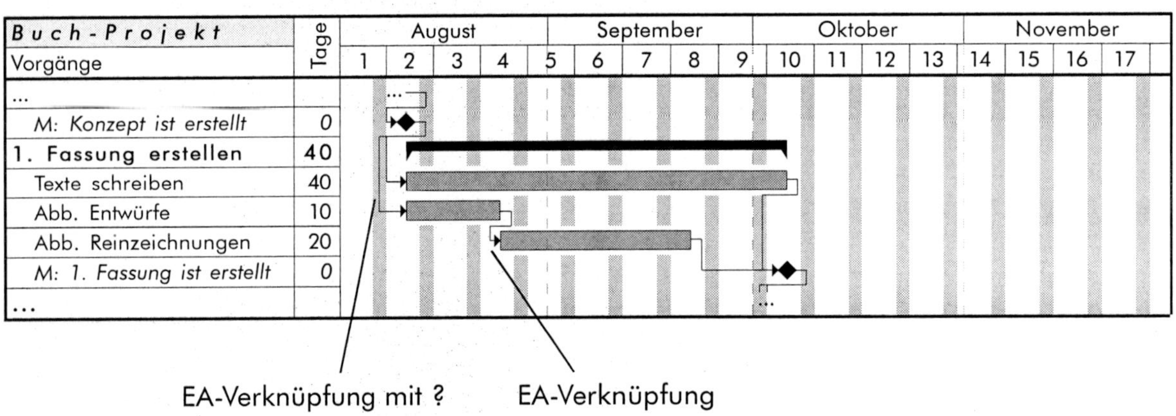

Der Vorgang »Abbildungen Reinzeichnungen« kann erst beginnen, wenn der Vorgang »Abbildungen Entwürfe« abgeschlossen ist. Die »Reinzeichnungen« haben eine EA-Verknüpfung zu den »Entwürfen«.

Betrachten Sie weiter die parallel laufenden Vorgänge »Text schreiben« und »Abbildungen Entwürfe«. Diese haben einen gemeinsamen Vorgänger-Meilenstein »Buchkonzept ist erstellt«. Mit diesem sind beide Vorgänge jeweils mit einer EA-Verknüpfung verbunden. Aber ist das wirklich korrekt? Klar, mit dem Schreiben kann Harald erst anfangen, wenn das Buchkonzept erstellt ist. Aber was ist mit den Abbildungsentwürfen? Auch diese können erst starten, wenn das Buchkonzept erstellt ist, aber eigentlich sind sie eher mit dem Beginn des Textschreibens verbunden. Solange kein Text da ist, weiß Harald auch noch nicht, was für Abbildungen benötigt werden. Der Vorgang »Abbildungen Entwürfe« kann also frühestmöglich dann begonnen werden, wenn der Vorgang »Text schreiben« gestartet ist. Hierbei handelt es sich um eine AA-Verknüpfung, eine Anfang-Anfang-Verknüpfung.

Jetzt mischt sich Harald ein: »Wenn wir es so korrekt machen, dann muss es wie folgt aussehen: Ich beginne die Texte zu schreiben. Bis zum ersten Abbildungsentwurf brauche ich drei Tage Vorlaufzeit mit dem Textschreiben. Danach laufen Schreiben und Zeichnen parallel. In zehn Tagen habe ich dann alle Abbildungen fertig und der Text steht im Rohentwurf. Jetzt kann ich meine Skizzen zum Grafiker geben und die restliche Zeit nutzen, um die Texte in die endgültige Fassung zu bringen. Kurz zusammengefasst, eine AA mit drei Tagen Verzögerung.« Das Balkendiagramm hat damit folgende Form:

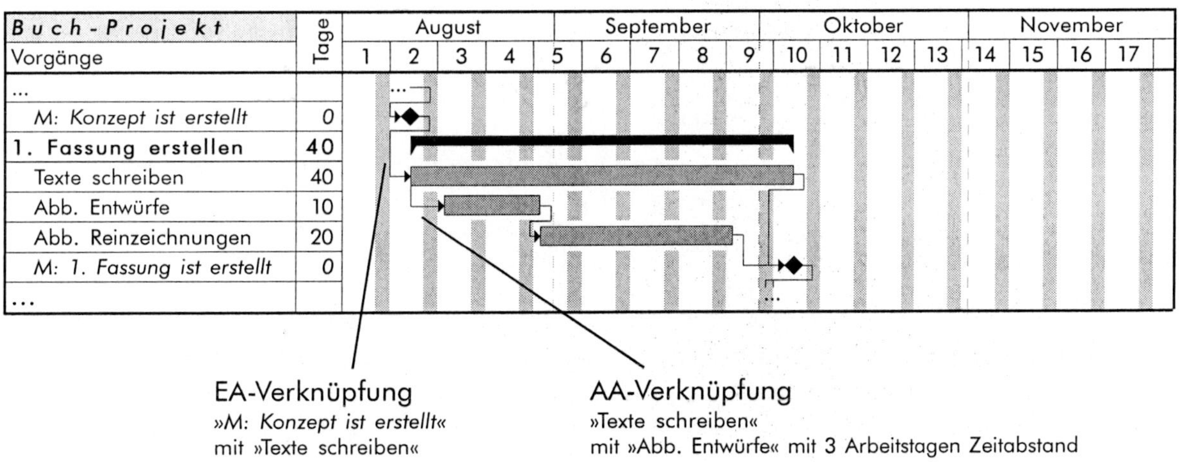

Verknüpfungsformen

Es gibt folgende Verknüpfungsformen zwischen Vorgängen bzw. Meilensteinen:

- Ende-Anfang-Verknüpfung (EA)
  Ein Vorgang kann erst beginnen, wenn der damit verknüpfte Vorgang abgeschlossen ist.
- Anfang-Anfang-Verknüpfung (AA)
  Ein Vorgang kann erst beginnen, wenn der damit Verknüpfte Vorgang begonnen hat.
- Ende-Ende-Verknüpfung (EE)
  Ein Vorgang kann erst enden, wenn der damit verknüpfte Vorgang beendet ist.

Bei allen Verknüpfungen gibt es noch das Element des Zeitabstandes. AE mit fünf Tagen Zeitabstand bedeutet also, der Vorgang beginnt mit einer fünftägigen »Pause«, nachdem der damit verknüpfte Vorgang abgeschlossen ist.

Anmerkung: Bis auf wenige Ausnahmen kommen Sie gut mit der klassischen Ende-Anfang-Verknüpfung aus. Zeichnen Sie Ihr Balkendiagramm mit der Hand oder geben Sie die Daten in ein Projektplanungsprogramm ein ohne die Kontrolle völlig an das Programm abzugeben, können Sie getrost auf komplizierte AA- oder EE-Überlegungen verzichten. Wenn Sie sich allerdings »blind« auf Ihr Planungsprogramm bei nachträglichen Änderungseingaben verlassen wollen oder müssen, kommen Sie um eine genaue Analyse der Verknüpfungsbeziehungen nicht herum, wenn Sie keine böse Überraschung erleben wollen. Anmerkungen zum Einsatz von Planungsprogrammen siehe auch im Abschnitt »Planen mit dem PC«.

Planungstiefe

Einzelne Vorgänge können in der Planung weiter gegliedert werden. Man spricht hier von der so genannten Planungstiefe. Das kann zum Beispiel sinnvoll sein, wenn in einem Vorgang mehrere Personen arbeitsteilig involviert sind.

Bei dem Vorgang »Abbildungen Reinzeichnungen« erklärt Peter, dass zuerst aus den Bleistiftentwürfen von Harald exakte Tuschezeichnungen gefertigt werden müssen, bevor er diese am PC weiterverarbeiten kann. Die Tuschezeichnungen werden von einem externen Grafiker umgesetzt. Nach der PC-Bearbeitung erfolgt ein Probedruck, um den sich Dagmar kümmert. Um Dauer und Termine besser abstimmen und planen zu können, schlägt Peter eine weitere Feinplanung vor. Der Vorgang »Abbildungen Reinzeichnungen« wird zu einem neuen Sammelvorgang auf der zweiten Gliederungsebene, dem drei neue Vorgänge auf der dritten Gliederungsebene zugeordnet sind.

Das veränderte Balkendiagramm sieht in diesem Abschnitt somit wie folgt aus:

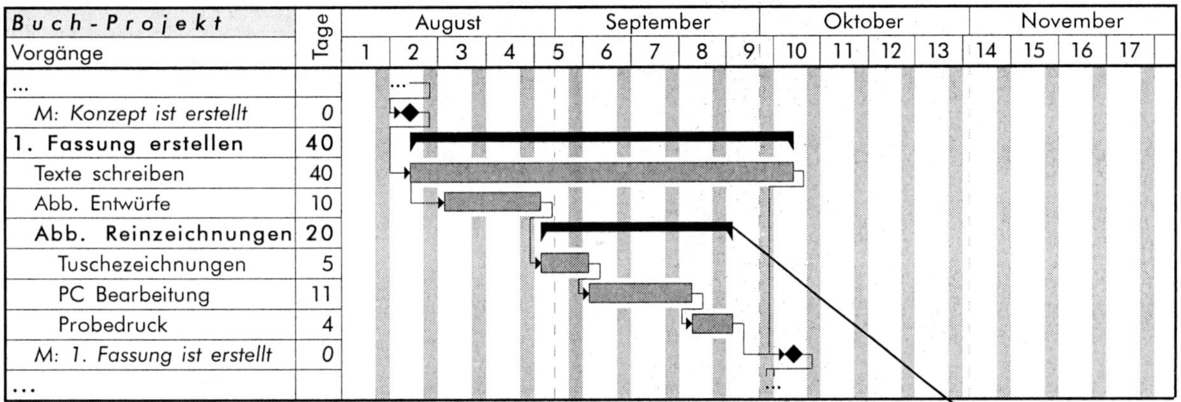

Sammelvorgang auf der zweiten Gliederungsebene

Wie weit sollten Sie Ihre Projektplanung aufgliedern?

Theoretisch können Sie Ihre Vorgänge bis zur x-ten Gliederungsebene aufteilen. Aber wie weit ist das wirklich sinnvoll? Ziel des Balkendiagrammes ist ja, einen Überblick über das Projekt zu bekommen. Wenn Sie Ihre Planung so weit aufgliedern, dass Sie zwar alles bis zur »kleinsten Schraube« in Ihrem Plan wiederfinden, das Ganze aber nicht mehr übersichtlich ist, verfehlt der Plan sein Ziel. Außerdem, Pläne verändern sich, und ein Plan ist nur so gut, wie er aktuell ist. Was nützt Ihnen ein detailreicher Plan, der von vorgestern ist? Er sieht zwar toll aus, wenn er an der Wand hängt, aber er ist eben nur als Wandschmuck zu gebrauchen. Noch einmal die Frage: »Wie tief sollten Sie planen?« Anwort: »So tief, dass ein dem Projektumfang angemessener, übersichtlicher Plan entsteht.« Was ist angemessen und übersichtlich? Ich behaupte, dafür haben Sie ein Gefühl. Für kleine und mittlere Projekte gilt als Regel, nicht über die dritte Gliederungsebene hinauszugehen. Wie detailliert Sie planen, hängt auch von Ihrem Team und ganz einfach von Ihrer Planungslust ab. Dem einem Team reicht ein einfach gegliedertertes Balkendiagramm auf einer halben DIN A4-Seite, das andere Team freut sich über eine detaillierte Planung jedes Projektabschnittes auf der dritten Ebene.

Reservezeit

Die berühmten Unwägbarkeiten. Plan schön und gut, aber was mache ich, wenn etwas Unvorhergesehenes passiert? Im laufenden Projekt ist dafür die Projektkontrolle und -steuerung zuständig, mehr dazu im Kapitel 8. Aber auch schon in der Planungsphase sollte in gewissem Umfang auf Unvorhergesehenes Rücksicht genommen werden, indem Sie Reservezeiten einplanen.

Zwischenanmerkung: Häufig wird diese »Reservezeit« auch als »Pufferzeit« bezeichnet. Ich werde im weiteren Verlauf dieses Abschnittes ausschließlich den Begriff »Reservezeit« verwenden, um Begriffsverwechslungen zu vermeiden. Die Bezeichnung »Pufferzeit« taucht im Zusammenhang der Netzplantechnik nochmals auf, meint dort aber etwas anderes als die »Reservezeit«, die in diesem Abschnitt erklärt ist.

Reservezeit ist die Zeit, die Sie bewusst in Ihren Projektablauf einplanen, um auf unvorhersehbare Dinge und Verzögerungen einzelner Aktivitäten reagieren zu könnnen. Wie groß sollte diese Reservezeit sein? Die Empfehlungen gehen von 20% bis 50% Reservezeit aus, die Sie Ihrer Planung hinzurechnen. Die Höhe der Reservezeit hängt von den erwarteten Unsicherheiten in Ihrem Projekt ab. Können Sie relativ sicher planen, reichen 20% Reservezeit, rechnen Sie mit sehr vielen Verzögerungen und Unwägbarkeiten, können Sie bis 50% oder sogar noch mehr auf Ihre Planung aufschlagen. Die Einschätzung der Höhe der Reservezeit kann sich von Vorgang zu Vorgang unterscheiden und muss sich nicht gleichmäßig auf das gesamte Projekt beziehen.

Wie stellen Sie die Reservezeiten in Ihrem Balkendiagramm dar? Die klassische Art ist, die Reservezeiten in die geschätzte Dauer der Vorgänge zu integrieren. Harald schätzt den Vorgang für »Text schreiben« ein: »Wenn alles glatt geht, brauche ich dafür genau 32 Tage.« Das wäre die Zeit ohne Reserveplanung. Plus ca. 20% Reservezeit erscheint ein Balken mit 40 Tagen für diesen Vorgang im Balkendigramm. Für die Abbildungsentwürfe werden zehn Tage eingetragen. Harald hatte acht Tage vorgesehen. Bei der Layoutarbeit der Reinzeichnung liegt der Unsicherheitsfaktor höher, weil noch nicht genau abzuschätzen ist, welcher Art die Zeichnungen sind, die Harald abliefert. Deshalb wird auf die geschätzte Dauer von zehn Tagen 50% Reservezeit aufgeschlagen.

Planungssichere Vorgänge

80% für geplante Aktionen

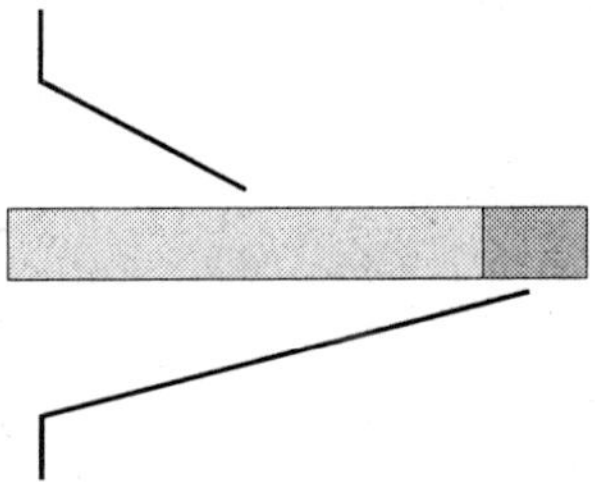

20% Reservezeit für Unerwartetes

Planungsunsichere Vorgänge

50% für geplante Aktionen

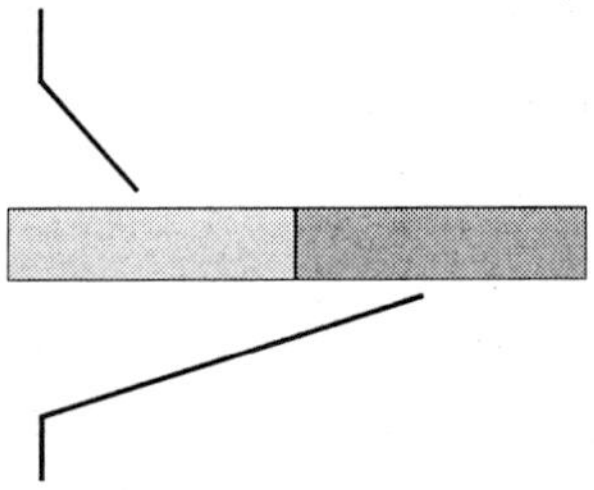

50% Reservezeit für Unerwartetes

Für unvorhersehbare »Unwegbarkeiten« Reservezeiten einplanen.

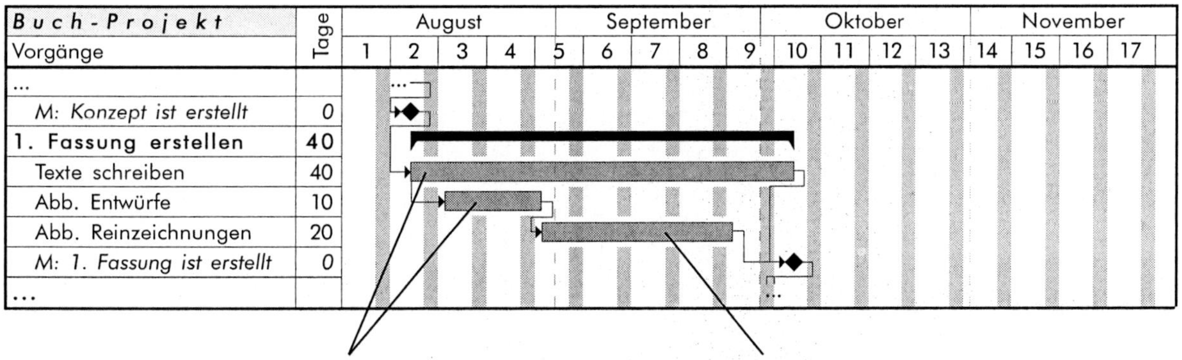

Vorgänge mit 20% »integrierter« Reservezeit
»Texte schreiben«: 32 Tage plus 8 Tage Reserve
»Abb. Entwürfe«: 8 Tage plus 2 Tage Reserve

Vorgang mit 50% »integrierter« Reservezeit
»Abb. Reinzeichnungen«: 10 Tage plus 10 Tage Reserve

Eine andere Möglichkeit ist, im Projekt, zum Beispiel vor wichtigen Meilensteinen, ausgewiesene Reservezeiten einzuplanen. Das heißt, es wird ein extra »Reservevorgang« eingefügt. Der Projektabschnitt »1. Fassung erstellen« könnte dann wie folgt aussehen:

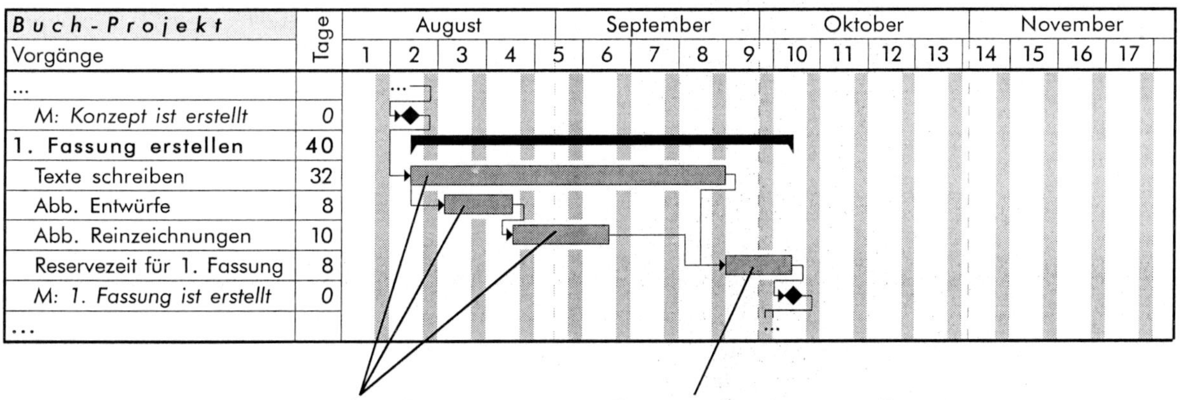

Vorgänge »ohne Reservezeit«

Extra ausgewiesener »Reservevorgang«
»Reservezeit für 1. Fassung«: 8 Tage

Natürlich können Sie beide Möglichkeiten verbinden. Das heißt zum einen, Reservezeiten direkt in die Vorgänge integrieren und gleichzeitig extra ausgewiesene »Reservevorgänge« einfügen.

Zeitoptimale Zusammenstellung

Falls Sie das Balkendiagramm mit Hilfe einer Projektplanungssoftware entwerfen, zeichnet das Programm in der Regel eine zeitoptimale Darstellung der Vorgangszusammenhänge. Das heißt, alle Vorgänge werden so dicht hintereinander geplant, wie es die Verknüpfungsinformationen zulassen. Standardmäßig beginnen alle Vorgänge zu ihrem frühestmöglichen Zeitpunkt. Zeitoptimal eben. Das ist in den meisten Fällen auch sinnig, aber nicht immer. Manchmal sollten Vorgänge auch zu ihrem spätestmöglichen Zeitpunkt beginnen. Oder sie sind von ganz anderen Terminen oder Ressourcen abhängig. Dazu mehr im Abschnitt Ressourcenplanung.

Helga und Dagmar, die für den Vorgang »Präsentationsvorbereitung« im Buchprojekt zuständig sind, schauen noch einmal auf das Balkendiagramm.

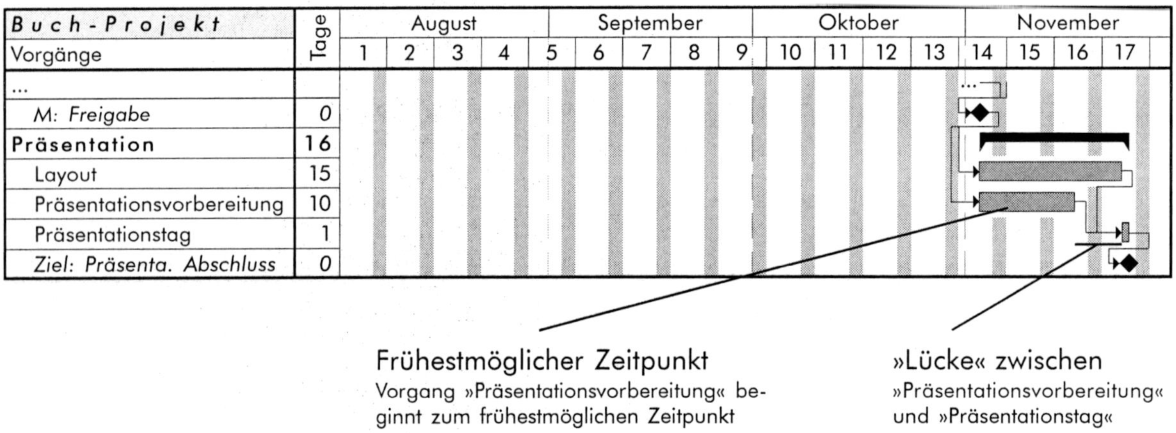

»Die Präsentationsvorbereitung ist nicht sinnvoll eingeplant. Wir brauchen keine Lücke zwischen der Vorbereitung und dem eigentlichen Präsentationstag. Die Vorbereitung findet kurz vor dem Präsentationstag statt.« Fachmännisch merkt Dagmar an: »Die EA-Verknüpfung zwischen dem Meilenstein ›Freigabe‹ und dem Vorgang ›Präsentationsvorbereitung‹ ist zwar korrekt, aber der ganze Vorgang müsste auf den spätestmöglichen Zeitpunkt vor dem Präsentationstag verschoben werden.«

Die neue Darstellung sieht somit wie folgt aus.

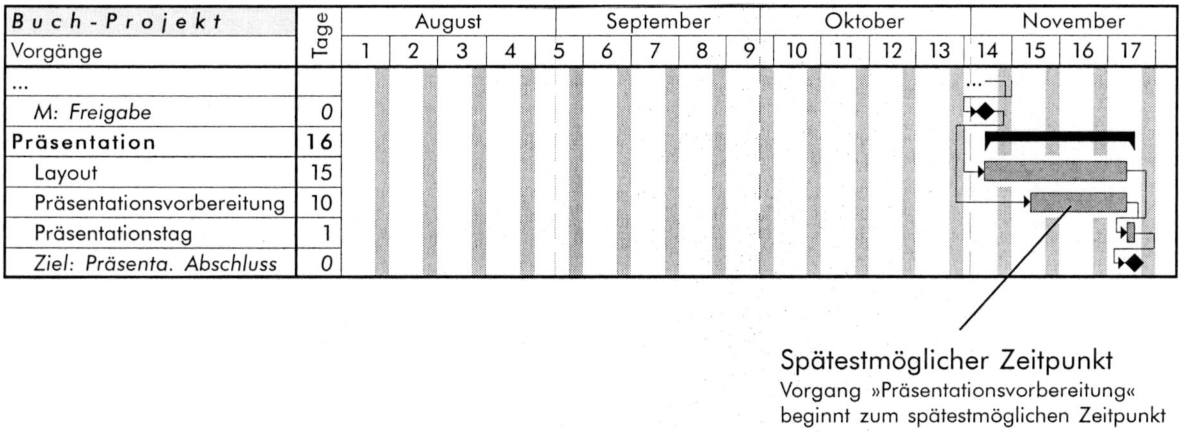

Unterbrochene Vorgänge

Die Darstellung der Projektaktivitäten in Form von Vorgängen ist immer der Versuch, sinnvolle Tätigkeitseinheiten zu finden, die im Idealfall in einem relativ zusammenhängenden Zeitabschnitt abgearbeitet werden können. So weit, so kompliziert. Das ist nicht immer so idealtypisch möglich. Im folgenden Beispiel sehen Sie zwei Möglichkeiten, Vorgänge darzustellen, die sich über größere Zeiträume zergliedern.

Helga und Dagmar denken noch mal über die Darstellung des Vorgangs »Präsentationsvorbereitung« nach. Sie sind mit der Planung noch nicht zufrieden. »Eigentlich beginnen wir mit der Vorbereitungsphase, nachdem das Konzept steht. Nach dem Meilenstein ›Buchkonzept ist erstellt‹. Wir können dann schon abschätzen, wer und wie viele zur Präsentation eingeladen werden, könnten die Einladungen raus schicken und die Räumlichkeiten reservieren.« Wie lange wird das dauern, will Dagmar wissen. Die Vorgangsdauer wird auf drei Tage geschätzt. Sieben Tage vor dem eigentlichen Präsentationstag ist dann die weitere Vorbereitung geplant, wie Raumausstattung, Medien, Catering und Belegexemplare.

Würde man die Präsentationsvorbereitung in einem Vorgang darstellen, hätte man einen Balken, der sich über fünfundsechzig Tage erstreckt. Keine repräsentative Darstellung der Aktivitäten. Eine Möglichkeit ist, die Präsentationsvorbereitung in zwei Vorgänge aufzuteilen. Dadurch hätte man die Vorgänge »Präsentationsvorbereitung Phase I« und »Präsentationsvorbereitung Phase II«.

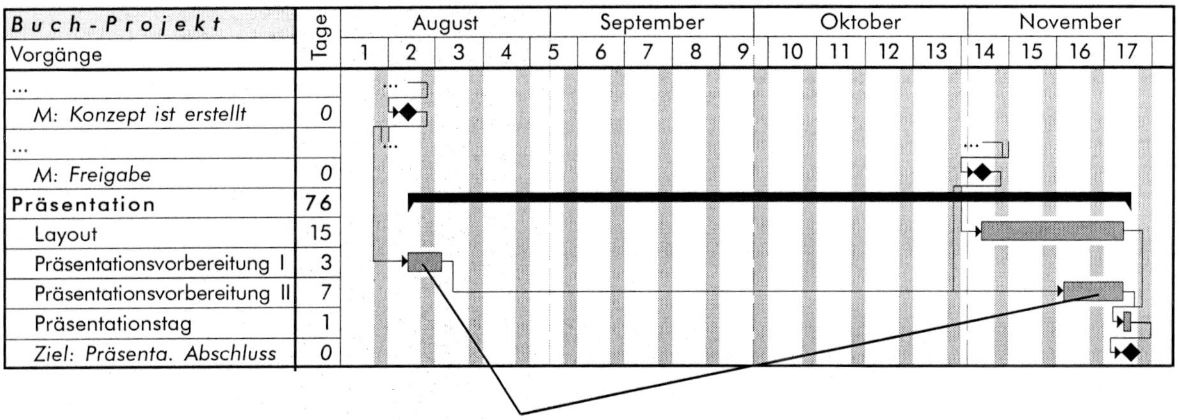

Vorgang ist in zwei Vorgänge aufgeteilt
»Präsentationsvorbereitung I«: 3 Tage
»Präsentationsvorbereitung II«: 7 Tage

Oder Sie stellen einen Vorgang mit Unterbrechung dar. Das heißt, es bleibt planerisch ein Vorgang, dessen Aktivitäten zwischenzeitlich ruhen und keine Kapazitäten beanspruchen. In beiden Darstellungsformen erstreckt sich korrekterweise der Sammelvorgang über die gesamten ihm zugeordneten Vorgänge. Hier sieht man auch, dass ein Sammelvorgang nicht zwangsläufig an den Meilenstein des Vorgängers anschließen muss.

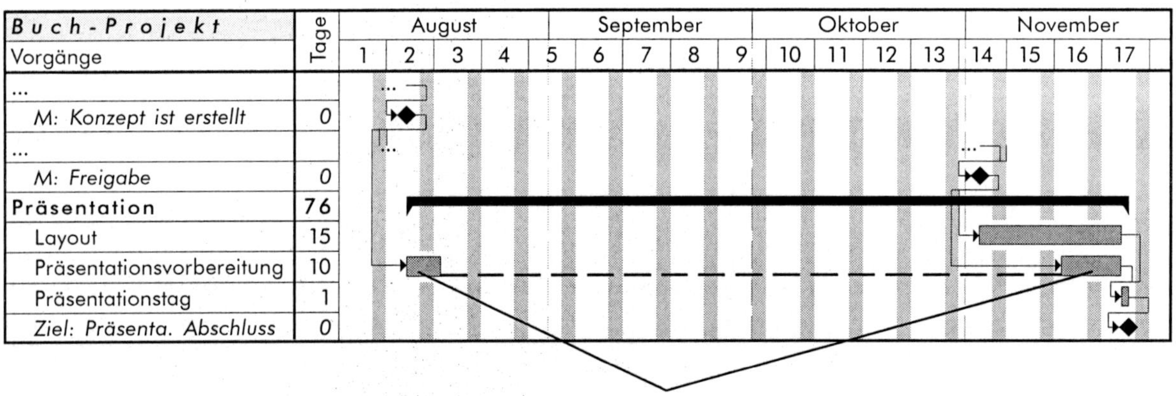

Unterbrochener Vorgang
»Präsentationsvorbereitung«: 3 Tage - Unterbrechung - 7 Tage

Plan der Planung

Anne aus dem Buchprojektteam schaut noch einmal auf das entstandene Balkendiagramm: »Was ist mit der Planungsphase für unser Projekt? Wir haben uns vorgestern das erste Mal getroffen und werden wahrscheinlich am Donnerstag mit der Planung fertig sein. Das sind zehn Projekttage, die im Balkendiagramm nicht auftauchen.«

Gehört die Planungsphase in das Balkendiagramm oder nicht? Beides ist möglich. Es kommt darauf an, wie Sie den Projektstarttermin definieren. Ist der offizielle Projektstart das »Konzept-Treffen«, ist das Balkendiagramm korrekt. Die Planungsphase ist dann die »Vorarbeit« zum Projektstart.

Liegt der offizielle Projektstart vor der Planungsarbeit, kann die Planungsphase im Balkendiagramm dargestellt werden. Wenn sich das Planungsteam das erste Mal trifft, ist es schon mitten im Projekt. Der Projektstart, der im Balkendiagramm auftaucht, liegt somit schon in der Vergangenheit. Der erste Abschnitt des Balkendiagramms »Buchprojekt« würde dann so aussehen:

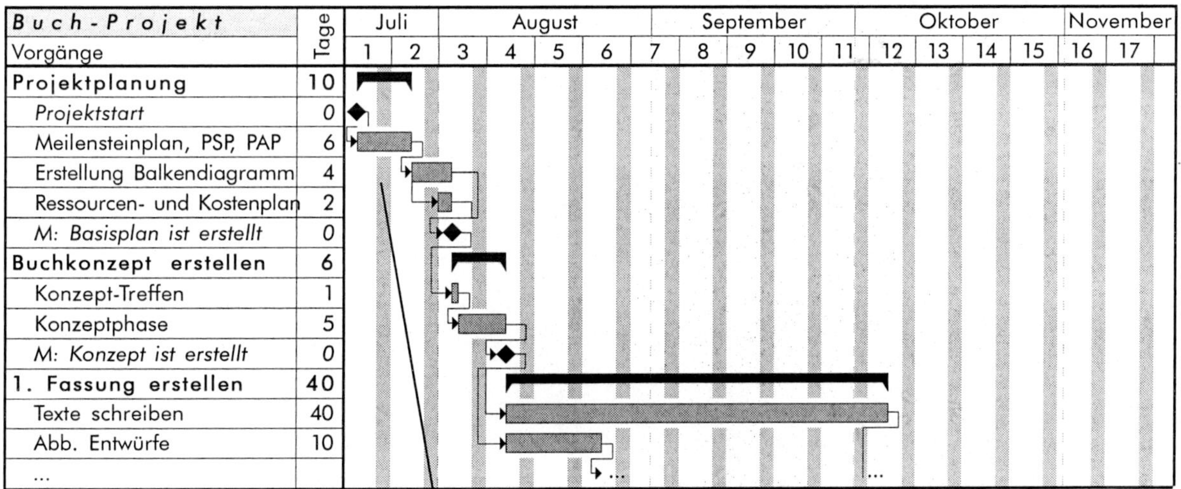

Projektplanung im Balkendiagramm dargestellt

Sondersonderfälle

Bei der Darstellung der Projektaktivitäten werden Sie immer wieder auf Fälle stoßen, die sich nicht »schön« in kompakten Vorgängen oder Meilensteinen darstellen lassen. »Was mache ich mit der regelmäßigen Montagsbesprechung, die während des gesamten Projektes stattfindet, außer in den Sommerferien, da ist sie mittwochs oder fällt aus?« »Was ist mit der Qualitätssicherung? Das ist ein Vorgang, der während des gesamten Projektes ständig läuft. Mal intensiver, mal weniger intensiv.«

Finden Sie für solche Fälle eine kreative Lösung. Die meisten Projektaktivitäten lassen sich durch Balken mit Anfangs- und Endzeitpunkt darstellen, aber manchmal ist es eine »Wellenlinie über das gesamte Projekt«.

Arbeitsfreie Zeiten

Was Sie bei der Darstellung Ihres Balkendiagramms noch entscheiden müssen, ist, wie Sie mit der Darstellung von Wochenenden, arbeitsfreien Tagen oder Ferienzeiten umgehen. Wenn Sie die Dauer eines Vorgangs bestimmen, sind die Tage Kalendertage oder Arbeitstage? Wenn ein Vorgang freitags beginnt, fünf Tage dauert, endet er dann am Dienstag oder am Donnerstag der darauffolgenden Woche? Egal, wie Sie sich entscheiden, Sie müssen es festlegen und in der Planung und Darstellung des Balkendiagramms berücksichtigen.

Zusammenfassung Balkendiagramm

Zusammenfassung der Entscheidungen, die Sie fällen sollten, bevor Sie sich an die Zeichnung des Balkendiagramms machen.

Planungstool	Entscheidung	Zu klärende Fragen
■ Meilensteinplan 	Projektstart	Wann startet das Projekt?
	Projektziel	Was soll erreicht werden?
	Meilensteine	Was sind die Zwischenschritte? Was wollen wir als erstes erreichen im Projekt? Was als nächstes? Usw.
■ Projektstrukturplan 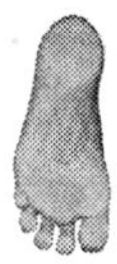	Vorgänge	Was müssen wir tun, um den Meilenstein zu erreichen?
	Sammelvorgänge	Welche Vorgänge lassen sich sinnvoll zu Sammelvorgängen zusammenfassen?
■ Projektstrukturplan 	Verknüpfungen	Welche Vorgänge können parallel laufen? Welche Vorgänge müssen hintereinander laufen?
■ Dauer/Termine 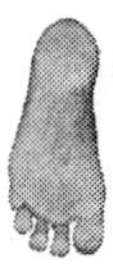	Vorgangsdauer	Wie viel Zeit planen wir für diesen Vorgang im Projekt ein?
	Feste Termine	Welche festen Termine gibt es für Vorgänge/Meilensteine?

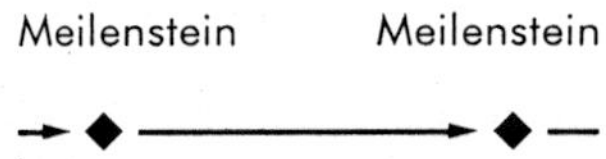

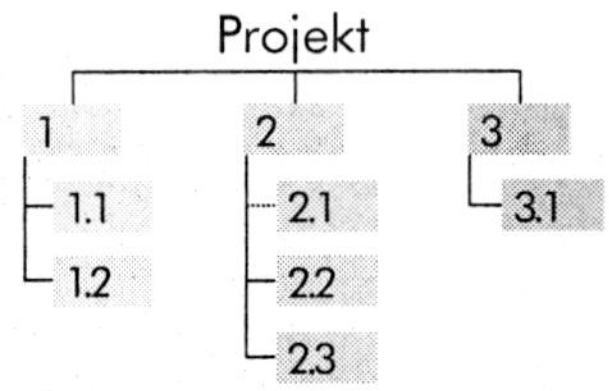

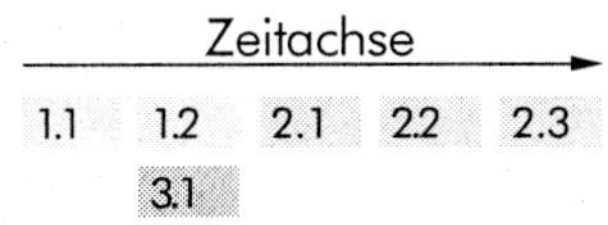

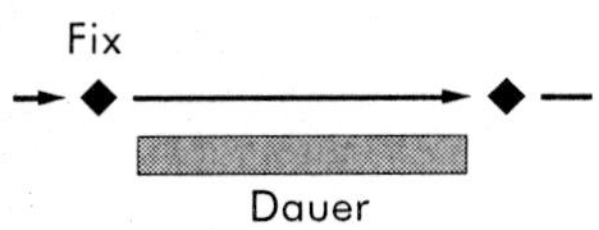

➔ Balkendiagramm = Grafische Umsetzung der Entscheidungen

Tipp: Planen und entscheiden Sie erst alle diese Schritte, ehe Sie sich hinsetzen und das Balkendiagramm in Angriff nehmen. Die grafische Umsetzung in ein Balkendiagramm ist dann nur noch eine »Zeichenaufgabe«.

Zweites Beispielprojekt

In diesem Abschnitt finden Sie ein weiteres anschaulichen Beispiel der Projektplanungsmethoden, in dem alle fünf Schritte zum Balkendiagramm durchlaufen werden.

Der Schrebergartenverein »Grüne Knolle« nimmt endlich das Projekt in Angriff, eine gemeinsame Grillstelle zu bauen. Es soll möglichst viel in Eigenleistung entstehen, und der Spaß soll dabei nicht zu kurz kommen. Sabine hat besonderen Wert darauf gelegt, dass jeder Bauabschnitt mit einer entsprechenden Feier abgeschlossen wird. Karl, der zum Projektleiter auserkoren wurde, weil er vor kurzem an einem Projektmanagement-Seminar teilgenommen hat, nennt das »Meilensteine« und »Kick-Off-Meeting«.

Meilensteinplan

Der erste Schritt ist auch hier der Meilensteinplan. Die Schrebergartengruppe hat den Meilensteinplan auf einem Flipchartbogen skizziert. Es ergeben sich die Schritte »Planung abgeschlossen«, »Fundament erstellt«, »Dachbau fertig«, »Grillstelle ist gemauert« und natürlich »Einweihungsparty erfolgreich beendet«. Aus dem Meilensteinplan kann sich auch die Entscheidung für die zeitliche Abfolge entwickeln. Es ist aber nicht so, dass immer erst ein Meilenstein erreicht werden muss, bevor die nächste Phase beginnt. Hier kann es zu zeitlichen Überschneidungen kommen.

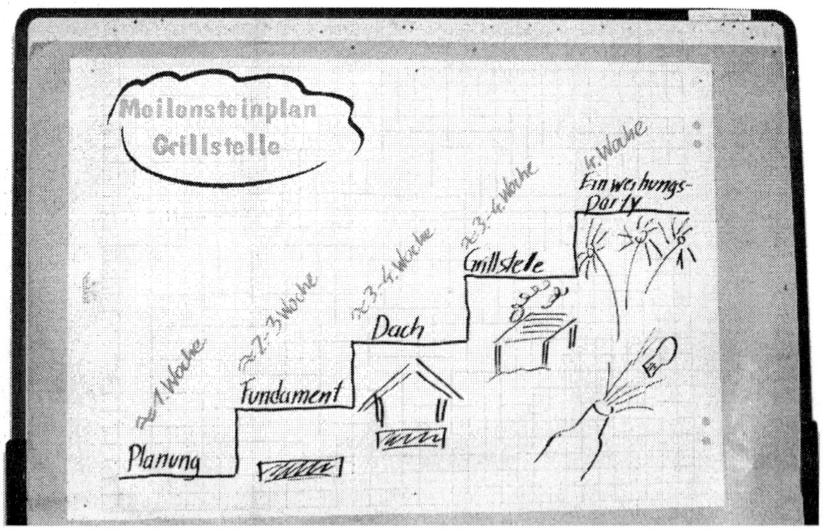

Projektstrukturplan

Der nächste Schritt ist eine Sammlung der Aktivitäten. In diesem Beispiel in Form eines Brainstorming. Das sechsköpfige Schrebergartenprojektteam trifft sich bei Karl im Garten. Karl hat Moderationskarten mitgebracht, und alle aus der Planungsgruppe schreiben ihre Ideen auf die Karten. Am Ende ist eine Sammlung von Projektaktivitäten entstanden.

Aus der Sammlung der Aktivitäten wird der Projektstrukturplan entwickelt. Im Beispiel der Schrebergartengruppe gibt es zwei Gliederungsebenen. Die Schrebergärtner einigen sich auf die Sammelvorgänge Planung, Fundament, Dach, Grillstelle und Einweihungsparty, die sie aus dem Meilensteinplan abgeleitet haben. Angeregt durch die Sammlung aus der Brainstormingphase entstehen die dazugehörigen Vorgänge. Im abgebildeten Projektstrukturplan sind die Meilensteine noch nicht dargestellt.

Alle Aktivitäten werden gesammelt.

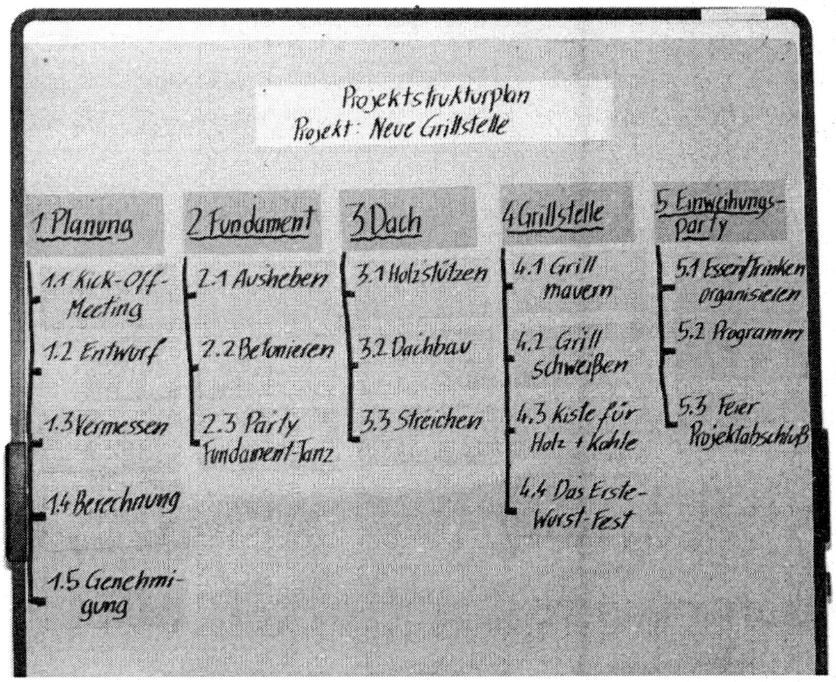

Projektablaufplan

Nachdem festgelegt ist, was alles getan werden muss, ist die Reihenfolge der Aktivitäten zu bestimmen, der Projektablaufplan. Das Team hat alle Aktivitäten auf dem Gartentisch von Karl in eine zeitliche Zuordnung gebracht. Auch Sabine ist mit der Verteilung der Feiern zufrieden.

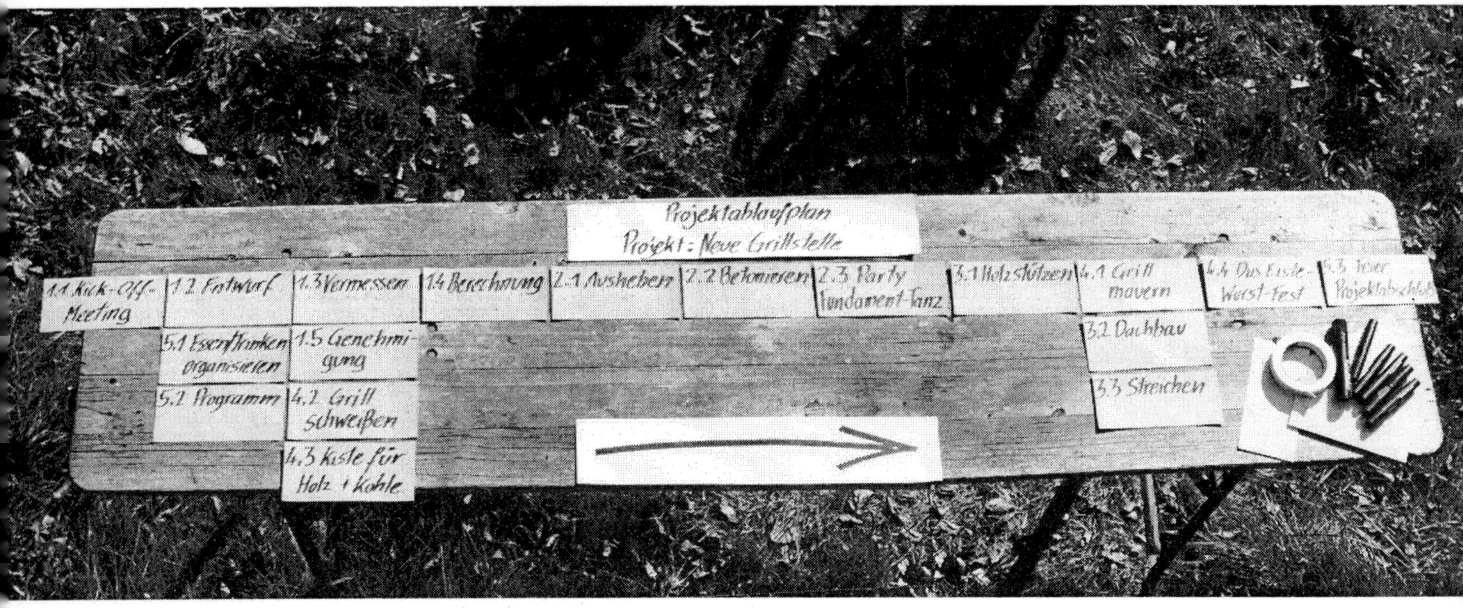

Dauer und Termine

Im nächsten Schritt überlegen die Schrebergärtner, wie viele Tage für welchen Vorgang eingeplant werden. Karl hat daraus eine Liste entworfen:

1. Planung
1.0 Projektstart Montag
1.1 Kick-Off-Meeting 1
1.2 Entwurf 2
1.3 Vermessen 2
1.4 Berechnen 2
1.5 Genehmigen 1
1.6 Meilenstein: 0
Planung abgeschlossen
2. Fundament
21. Ausheben 2
2.2 Betonieren 6
2.3 Fundament-Tanz 1
2.4 Meilenstein: 0
Fundament ist erstellt
3. Dach
3.1 Holzstützen 1
3.2 Dachbau 7
3.3 Streichen 2
3.4 Meilenstein: 0
Dachbau fertig
4. Grillstelle
4.1 Grill mauern 3
4.2 Grill schweißen 2
4.3 Kiste Holz + Kohle 3
4.4 Erste-Wurst-Fest 1
4.5 Meilenstein: 0
Grillstelle ist gemauert
5. Einweihungsparty
5.1 Essen/Trinken 2
5.2 Programm 3
5.3 Feier 1
5.4 Meilenstein/Projektziel:
Party erfolgreich beendet,
Grillhütte ist erstellt

Die Dauer der Meilensteine ist immer »null Tage«. Die Dauer der Sammelvorgänge muss hier noch nicht bestimmt werden. Wenn alle Informationen im Balkendiagramm dargestellt sind, ergibt sich aus den dazugehörigen Vorgängen und deren Verknüpfung die Dauer der Sammelvorgänge.

Balkendiagramm

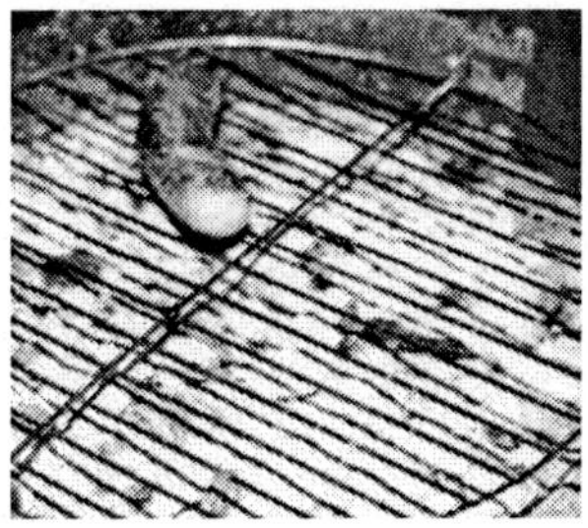

Karl hat sich ein Balkendiagramm-Formblatt kopiert. Hierin trägt er alle Daten ein, die das Projektteam nach langer Diskussion ausgehandelt hat.

Jetzt ergibt sich »automatisch« die Dauer der Sammelvorgänge. Die Abschlussfeier ist für den Freitag in der vierten Projektwoche geplant.

An diesem Beispiel können Sie sehen, dass man für alle Planungsschritte bis zum Balkendiagramm auch ohne Projektmanagementsoftware und PC auskommt.

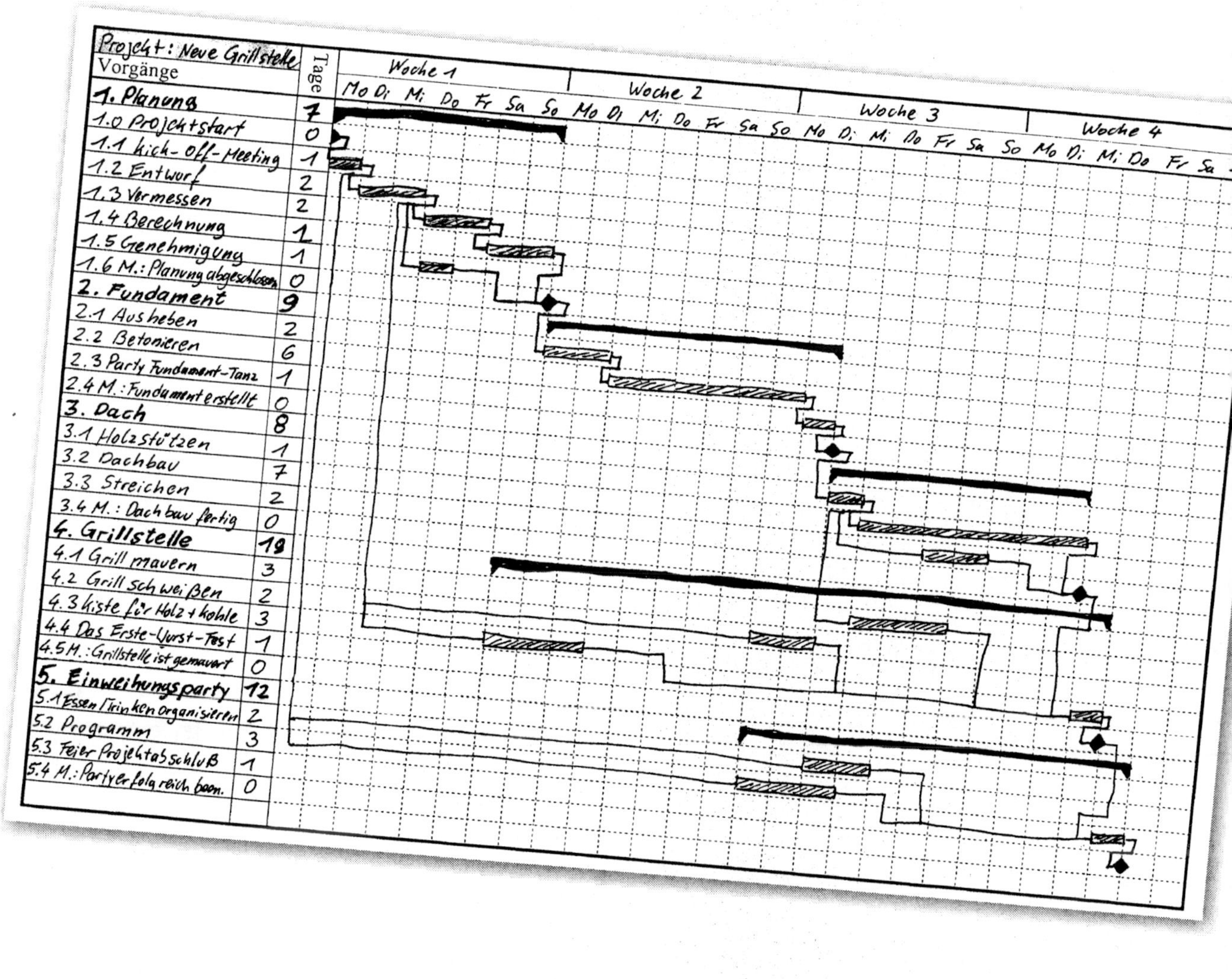

Netzplan

Eine weitere Möglichkeit, die Projektvorgänge grafisch darzustellen, ist der so genannte Netzplan. Beim Netzplan liegt der Schwerpunkt auf der Darstellung von zeitlichen Abhängigkeiten. Jedem Projektvorgang und Meilenstein wird ein so genannter Netzplanknoten oder Netzplankasten zugeordnet. Die Linien zwischen den Knoten geben Aufschluss über die logischen und zeitlichen Zusammenhänge. Standardmäßig wird der Plan von links nach rechts durchlaufen. Es muss immer erst die Arbeit des vorhergehenden »Netzplankastens« erledigt werden, bevor man zur nächsten Aktivität kommt. Außerdem ist erkennbar, welche Aktionen parallel vonstatten gehen können. Wichtige Grundlage des Netzplans ist der Projektablaufplan.

Alle Entscheidungen und Planungsschritte, die die Grundlage des Balkendiagramms bilden, sind dieselben, die man benötigt, um einen Netzplan zu zeichnen. Wenn Sie ein Balkendiagramm zeichnen können, müssen sie keine neuen Entscheidungen fällen. Falls Sie mit einer Projektplanungssoftware arbeiten und alle Daten eingegeben haben, brauchen Sie nur noch von »Ansicht Balkendiagramm« auf »Ansicht Netzplan« zu wechseln und der Netzplan erscheint. Was für ein Luxus.

Aus dem Netzplan können Sie typische Informationen ablesen:

- Netzplanknoten
- Verknüpfungen
- Kritischer Pfad

In den folgenden Abschnitten werden die Elemente des Netzplans anhand des Buch-Projektes erläutert. Unten sehen Sie den kompletten Netzplan des Projektes.

Netzplan: Buch-Projekt

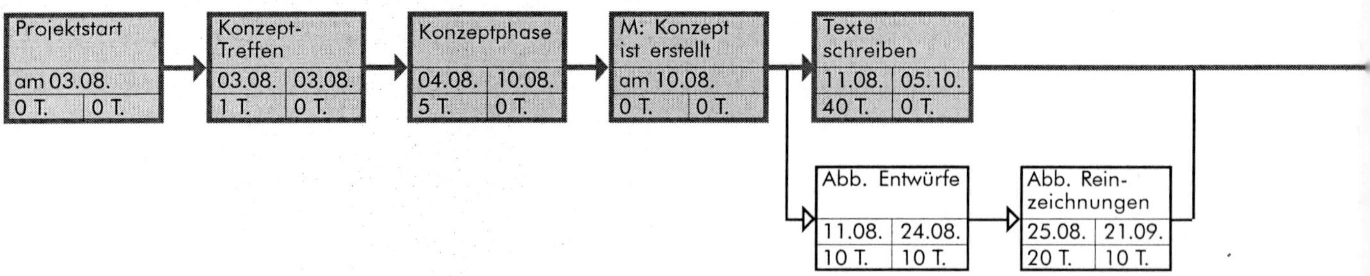

Netzplanknoten

Die Netzplanknoten können die unterschiedlichsten Informationen zum Vorgang enthalten. Die klassischen Inhalte sind:

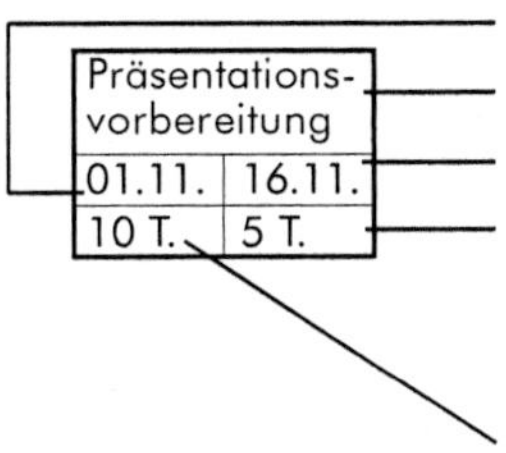

- Anfangszeitpunkt
- Vorgangsname mit eventueller Ordnungsnummer
- Endzeitpunkt
- Gesamte Pufferzeit. Das heißt, um wie viel darf sich dieser Vorgang verzögern, ohne das Projektende zu gefährden?
- Dauer des Vorgangs

Verknüpfungen

Sie können erkennen, welche Aktivitäten hintereinander ablaufen müssen und welche parallel erledigt werden können.

Kritischer-Pfad

Die typische Information, die Sie aus dem Netzplan ablesen können, ist der so genannte Kritische-Pfad. Der Kritische-Pfad ist hier mit einer dikkeren dunklen Linie dargestellt. Die kritischen Vorgänge sind mit einem grauen Rahmen versehen. Es gibt Vorgänge, die auf dem Kritischen-Pfad liegen und solche, die nicht auf dem Kritischen-Pfad liegen.

Was heißt Kritischer-Pfad? In einem Projekt wird es immer wieder zu Verzögerungen und Verspätungen kommen. Die Frage ist: »Gefährdet diese Verzögerung den Termin des Projektabschlusses?« Das heißt: Sind alle Vorgänge, die auf dieser Arbeit aufbauen, so eng geplant, dass zum Beispiel ein Tag Verzögerung alle nachfolgenden Aktivitäten ebenfalls um einen Tag verzögern würde?

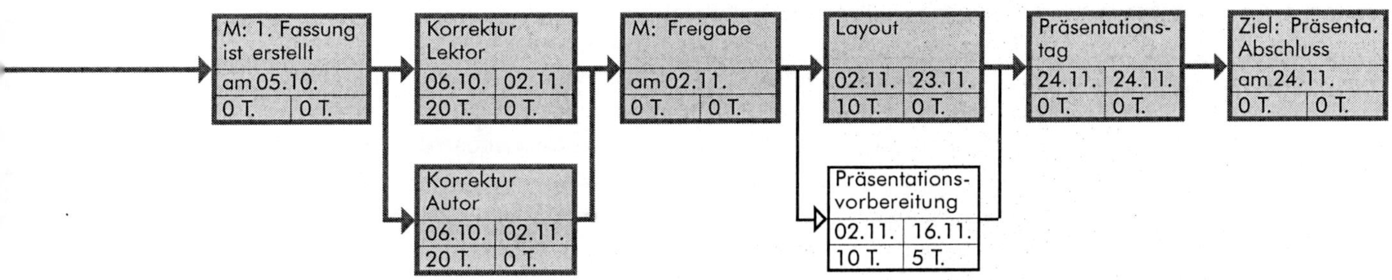

Um deutlich zu machen, was damit gemeint ist, betrachten wir einen Ausschnitt aus dem Buchprojekt. Dort haben wir die Vorgänge »Text schreiben« und parallel dazu »Abbildungen Entwürfe« und »Abbildungen Reinzeichnungen«. Das Textschreiben dauert länger als die beiden hintereinander laufenden Vorgänge Abbildungen, Entwürfe und Reinzeichnungen. Das Textschreiben bestimmt die Gesamtzeit der parallel laufenden Aktionen. Eine Verzögerung beim Textschreiben um einen Tag, weil der Computer mal wieder bockt, würde alle nachfolgenden Aktionen ebenfalls um einen Tag verzögern. Deshalb liegt der Vorgang »Text schreiben« auf dem Kritischen-Pfad. Würde die Erstellung der Reinzeichnungen einen Tag länger dauern, weil auch der PC von Peter Ärger macht, wäre zwar Peter sauer, aber für den weiteren Projektverlauf wäre dieser Tag Verzögerung nicht tragisch. Die Gesamtpufferzeit beträgt für diesen Vorgang zehn Tage. Das heißt, um diese Zeit kann sich der Vorgang verlängern, ohne das Projektende in Gefahr zu bringen.

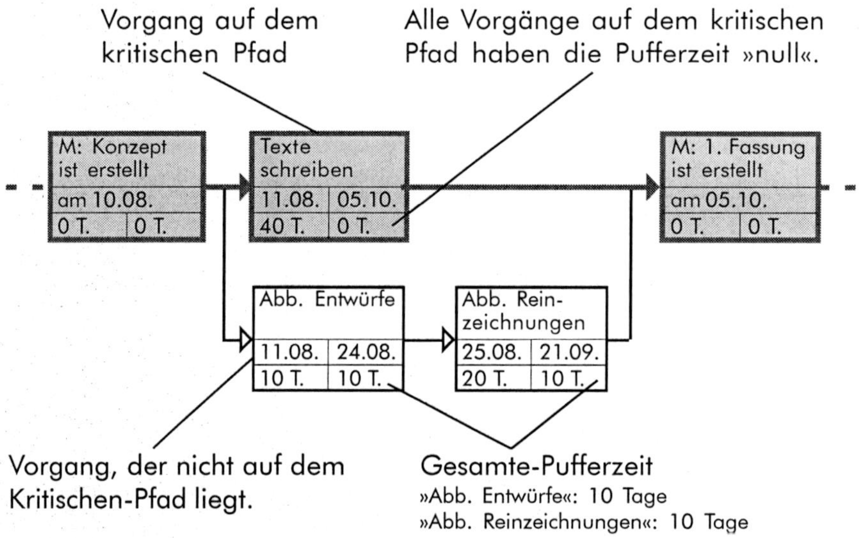

Auch der Vorgang »Abbildungen Entwürfe« hat eine Gesamtpufferzeit von zehn Tagen. Das heißt, auch hier kann sich der Vorgang um maximal zehn Tage verzögern, ohne dass das Projektende gefährdet wäre. Der nachfolgende Vorgang der Reinzeichnungen würde sich zwar verschieben, das hätte aber keinen Einfluss auf den nachfolgenden Meilenstein. Die Gesamtpufferzeit bezieht sich immer auf den Einfluss auf das Projektende. Alle Vorgänge, die auf dem Kritischen-Pfad liegen, haben die Gesamtpufferzeit »null«. Bei allen diesen Vorgängen würde eine Verzögerung unmittelbar das Projektende beinflussen.

Gesamte-Pufferzeit:

Um wie viel darf sich der Vorgang verzögern, ohne das Projektende zu gefährden?

Zwischenanmerkung: Wie im Abschnitt »Reservezeit« erwähnt, sind die »Netzplan-Pufferzeiten« keine Reservezeiten, die Sie bewusst in Ihre Vorgänge einplanen. Die Pufferzeiten ergeben sich aus der Konstellation parallell laufender Vorgänge. In Ihrer Reservezeitplanung sollten auch die Vorgänge, die auf dem Kritischen-Pfad liegen, Reservezeiten beinhalten.

Freie-Pufferzeit:

Um wie viel darf sich der Vorgang verzögern, ohne den frühestmöglichen Termin des nachfolgenden Vorgangs zu gefährden?

Im Unterschied zur Gesamtpufferzeit bezieht sich die so genannte Freie-Pufferzeit auf die Zeit, um die sich der Vorgang verzögern kann, ohne den frühestmöglichen Termin des nachfolgenden Vorgangs zu gefährden. Der Vorgang »Abbildung Entwürfe« hat somit die Freie-Pufferzeit »null«, weil jede Verzögerung den frühestmöglichen Termin von »Abbildungen Reinzeichnungen« verschieben würde. Im Gegensatz zum Vorgang Reinzeichnungen, der zehn Tage Luft hat bis zum frühestmöglichen Termin des nächsten Meilensteins »1. Fassung ist erstellt«.

Kritisch wird es, wenn Peter so einen Stress mit seinem Rechnerabsturz bekommt, dass er zehn Tage länger braucht als geplant. Alle weiteren Verzögerungen sind jetzt von Peter abhängig. Der schöne Puffer ist dahin, und jeder weitere Tag, den Peter mit seinem PC herumkämpft, verzögert das gesamte Projekt. Braucht Peter zwölf Tage, um seinen Rechner wieder auf Trapp zu bringen und alle abgestürzten Dateien zu rekonstruieren, verschieben sich alle darauf aufbauenden Vorgänge und somit auch das Projektende um zwei Tage. Jetzt liegen die Vorgänge für die Abbildungen auf dem kritischen Pfad.

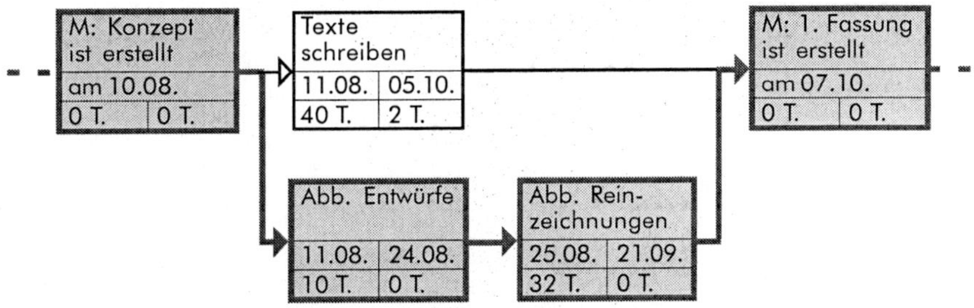

Nun ist es ja so, dass Sie in Ihren Projekten der Zeitverzögerung nicht hilflos ausgeliefert sind. Sie können gegensteuern. Die zwölftägige Verspätung in Peters Vorgang muss nicht zwangsläufig zur Verschiebung des Projektendes führen. Das Projektteam muss bei nachfolgenden Vorgängen entsprechende Änderungen vornehmen. Mehr zum Thema Projektsteuerung im Kapitel 8. Vorgänge, die auf dem kritischen Pfad liegen, bedürfen aber einer besonderen Beachtung, weil deren Verzögerung unmittelbare Auswirkung auf nachfolgende Vorgänge hat. Die Darstellung des kritischen Pfades kann helfen, schnell zu erkennen, bei welchen Vorgängen eine Verzögerung den Endzeitpunkt des Projektes gefährdet.

Kapazitäts- oder Ressourcenplan

Um die Vorgänge in einem Projekt abzuarbeiten, werden Ressourcen benötigt. Häufig ist es sinnvoll oder auch nötig, vorhandene Ressourcen möglichst gleichmäßig über den Projektverlauf zu verteilen. Ressourcen können sein:

- Projektbeteiligte bzw. deren Arbeitszeiten
- Sachmittel

Sachmittel sind zum Beispiel Maschinenlaufzeiten, Fahrzeuge, Rechnerzeiten, Material oder Büroräume. Wann sollten Sie sich über die Ressourcen Gedanken machen? Immer dann, wenn die Ressourcen im Laufe des Projektes zu einem Engpass führen könnten. Sind jederzeit genügend Fahrzeuge vorhanden, ist der Kapazitätsplan für Autos überflüssig. Sind die Projektbeteiligten zeitlich stark eingebunden, lohnt es sich, einen Arbeitszeit-Kapazitätsplan zu entwerfen. Sonst kann es passieren, dass Helga an einem Tag sieben Projektaktivitäten bearbeiten soll, während in den nächsten zwei Wochen nichts in ihrem Plan steht. Ressourcenpläne erstellen Sie, indem Sie den einzelnen Aktivitäten die benötigten Kapazitäten zuordnen.

Wie sieht beispielsweise der Ressourcenplan von Dagmar, der PC-Frau aus dem Buchprojekt, aus? Betrachten wir ausschnittsweise den November, in dem die Vorgänge »Layout«, »Präsentationsvorbereitung« und der eigentliche »Präsentationstag« geplant sind. Dagmar ist an dem Vorgang »Layout« mit 105 Stunden und bei der Präsentationsvorbereitung mit 20 Stunden eingeplant. Die geplanten Stunden werden gleichmäßig über die jeweilige Vorgangsdauer verteilt. Bei der eigentlichen Präsentation soll Dagmar den ganzen Tag dabei sein und sich um die Technik kümmern. Eingeplante Zeit elf Stunden. Da Dagmar noch nebenher studiert, kann Sie mit maximal sieben Stunden pro Tag verplant werden. Somit steht sie mit einer Arbeitszeitressource von sieben Stunden pro Tag zur Verfügung. Der Einsatzplan für Dagmar sieht somit in der Übersicht wie folgt aus:

Ressourcen-Einsatzplan

Vorgang	Eingeplant [h]	Vorgangsdauer [Tage]	Tageseinsatz [h/T]
Layout	105	15	7
Präsentationsvorbereitung	20	10	2
Präsentationstag	11	1	11

Die geplante Zeitressource wird auf einer zeitlichen Achse grafisch dargestellt. Dagmars Ressourcenplan für November sieht wie folgt aus:

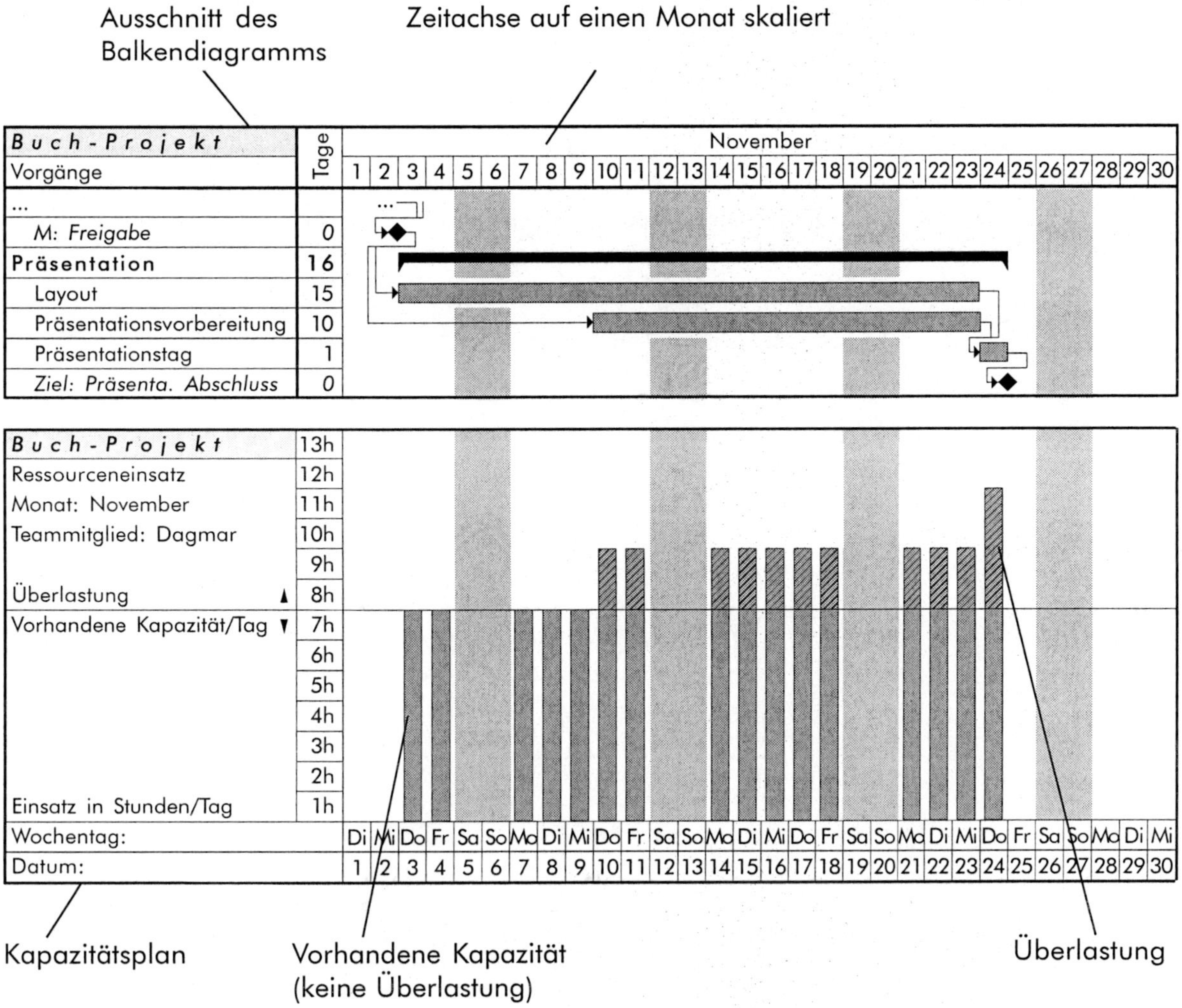

Um die Überlastung einer Ressource zu erkennen, müssen Sie zwei Dinge feststellen:

- Wie stark ist die Ressource im Projekt gefordert
  und, ganz entscheidend,
- mit welcher Kapazität steht die Ressource zur Verfügung?

Wenn zum Beispiel Projektmitarbeiter noch in anderen Aufgabenbereichen außerhalb des Projektes aktiv sind, können sie nicht mit ihrer vollen Kapazität im Projekt »verplant« werden. Oder ganz einfach, der Kollege ist in der Zeit gerade im Urlaub. Somit liegt die Ressource zu 100% am Stand und steht im Projekt zu dieser Zeit nicht zur Verfügung.

Wie gehen Sie mit einer Ressourcenüberlastung um?

Mit dem Ressourcenplan können Sie erkennen, ob die zeitliche Auslastung der Beteiligten gleichmäßig ist, oder ob es Zeitpunkte gibt, an denen ein Mitarbeiter über seine Kapazitätsgrenze hinauskommt. Dagmar hat »eigentlich« einen Sieben-Stunden-Tag. Wie der Ressourcenplan von Dagmar zeigt, gibt es gewisse Überlastungen über den Sieben-Stunden-Tag hinaus. Was kann getan werden? Klassisch bieten sich fünf Alternativen:

- Ignorieren
  Das heißt, Dagmar macht Überstunden oder muss selber sehen, wie sie mit der Überlastung klar kommt.
- Vorgänge hintereinander planen
  Die parallel laufenden Vorgänge, die zur Überlastung führen, werden hintereinander ausgeführt. Das bedeutet, die Vorgänge Layout und Präsentationsvorbereitung laufen hintereinander.
- Vorgänge verlängern
  Vorgänge, in denen es zu einer Überlastung kommt, werden über einen größeren Zeitraum geplant und dadurch wird die Kapazität pro Tag verringert. Der Vorgang Präsentationsvorbereitung wird auf zwanzig Tage ausgedehnt.
- Vormals arbeitsfreie Zeiten werden zu Arbeitszeiten
  Die Wochenenden oder sonstige vormals arbeitsfreie Zeiten werden zur Arbeitszeit erklärt. Das heißt, Dagmar arbeitet zusätzlich am Wochenende oder verlängert ihren Sieben-Stunden-Tag.
- Zusätzliche Ressourcen zuordnen
  Dem Vorgang wird eine zusätzliche Ressource zugeordnet. Die überlastete Ressource wird entlastet. Dagmar bekommt für die Präsentationsvorbereitung Unterstützung von Anne und wird dadurch zeitlich entlastet.

Wie hat das Buchprojektteam die Ressourcenüberlastung von Dagmar gemanagt? Für den Präsentationstag, an dem Dagmar mit zehn Stunden eingeplant ist, wird sie Überstunden machen. Die Präsentationsvorbereitung wurde auf zwölf Tage ausgedehnt und für die Layoutaufgaben bekommt Dagmar Unterstützung von Anne (15 Stunden), die in dieser Zeit freie Ressourcen hat. Am letzten Wochenende vor der Präsentation wird Dagmar zusätzlich Samstag und Sonntag je drei Stunden am Layout mitarbeiten. Die anderen zwei Wochenenden vor der Präsentation soll Dagmar sich nichts vornehmen, falls es doch noch knapp werden sollte mit der Vorbereitungsarbeit.

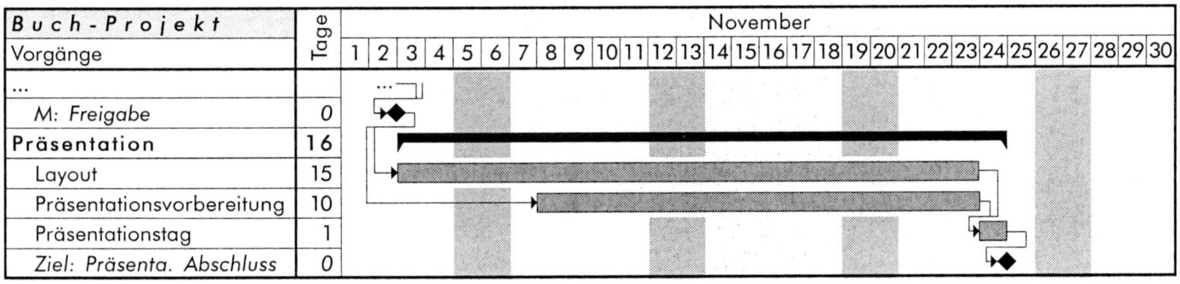

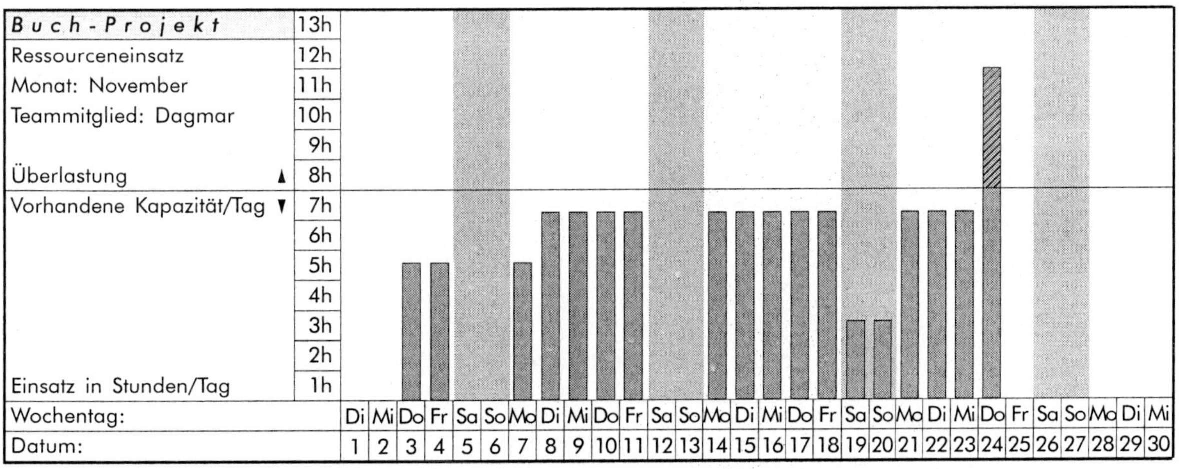

Die Veränderung des Balkendiagramms zeigt, dass die Planung der Vorgänge nicht immer dem Ablauf der »zeitoptimalen« Logik folgt. Die Planung ist von Ressourcen, Ferien, freien Tagen, festen Terminen oder Lieferterminen abhängig.

Kostenplan

Eine systematische Kostenplanung greift von der Gliederung her auf die Vorgangsdaten des Balkendiagramms zurück. Also, ohne Balkendiagramm keine vernünftige Kostenrechnung. Ziel des Kostenplans ist, von vornherein zu kalkulieren, was das Projekt in etwa kosten wird, im Detail auch, welcher Projektabschnitt bis zu welchem Zeitpunkt welche Kosten verursacht. Sinnvolle Einteilungen für kleine und mittlere Projekte sind hier Sammelvorgänge und Meilensteine. Gibt es für das Projekt ein bestimmtes Budget, bildet der Kostenplan die Entscheidungshilfe, um dieses auch einzuhalten oder zumindest nicht dramatisch zu überschreiten.

Wenn das Projekt läuft, werden die tatsächlich anfallenden Kosten mit dem Kostenplan abgeglichen, um Steuerungsentscheidungen zu fällen. Dazu mehr im Kapitel 8 Projektsteuerung.

Braucht jedes Projekt einen Kostenplan?

Es gibt auch Projekte ohne Kostenplan.

Nein. Zum Beispiel dann nicht, wenn die Kosten egal sind. Wie kann das sein? Öfter, als Sie vielleicht denken. Zum Beispiel der Elternverein, der als Projekt ein Hoffest gestaltet. Alle Arbeiten werden ehrenamtlich erledigt und keiner von den Eltern würde auf die Idee kommen, das Benzingeld abzurechnen. Alle Sachausgaben werden über Sachspenden des örtlichen Einzelhandels geregelt. Außerdem gibt es eine Tombola mit selbst gebastelteten Arbeiten der Schüler, über die Geld für den Förderverein gesammelt werden soll, aber dafür einen Kostenplan aufstellen? Überflüssig.

Oder in einer Firma wird eine Projektgruppe gebildet. Ziel des Projektes ist es, die Fehlerquote in Halle IVB um mindestens 15% zu senken. Muss das Projektteam einen Kostenplan aufstellen? Das Projektteam kann auf die im Betrieb vorhandenen Ressourcen zurückgreifen und die Mitglieder des Projektteams werden sowieso bezahlt. Natürlich fallen Kosten an. Keine Frage. Aber die landen auf irgendwelchen Kostenstellen im Betrieb. Für das Projekt selbst ist kein Kostenplan nötig.

Gerade bei größeren Projekten gibt es in der Regel eigene Kostenstellen, die genau abgerechnet werden müssen, aber viele kleine und mittlere Projekte »laufen so mit« und benötigen dadurch nicht immer eine eigene Kostenkalkulation.

Welche Kosten müssen im Kostenplan berücksichtigt werden?

Nur die, die auch abgerechnet werden müssen. Nicht alle, die tatsächlich anfallen. Das kommt häufig vor, wenn Projekte innerhalb einer Firma, Einrichtung oder Institution laufen. Bei einem sozialen Träger für Altenpflege gibt es zum Beispiel das Projekt »Verbesserung der Öffentlichkeitsarbeit«. Vier Mitarbeiter sollen sich, neben ihrer eigentlichen Arbeit, darum kümmern. Dafür bekommen sie einen Etat von 4.500,- Euro. Mehr dürfen sie nicht ausgeben. Wofür wird das Geld verwendet? Für alle, die »Rechnungen schreiben«. Zum Beispiel für die Anzeige in der regionalen Zeitung, das engagierte Grafikbüro und den Druck des neuen Info-Flyers. Diese Ausgaben müssen in der Projektkostenkalkulation bedacht werden. Aber was ist mit den anteiligen Lohnkosten der vier Projektmitarbeiter, den anteiligen Raumkosten, den anteiligen Abschreibungen der Anlagegüter, die genutzt werden, Heizung, Licht usw.? Na ja, so genau wollen wir es ja nicht machen. Das sind zwar Kosten, die anfallen, die das Projektteam aber von ihrem Etat nicht bezahlen muss. Aber interessant wäre die Frage schon, ob für die Mailingaktion Briefmarken aus dem Projektetat bezahlt werden müssen oder ob die Briefe nebenbei mit durch die Frankiermaschine laufen. Oder was ist mit größeren Kopieraufträgen auf dem Hauskopierer?

Nur die abzurechnenden Kosten müssen geplant werden.

Sie sehen, für die Kostenplanung ist interessant, ob überhaupt Kosten abgerechnet werden müssen, und wenn ja, welche. Nur diese brauchen Sie für Ihre Kostenplanung. Ihnen bleibt natürlich freigestellt, aus Interesse auch die anderen Kosten zu berechnen. Die im Weiteren erläuterte Kostenplanung ist für kleine bis mittlere Projekte in der Regel ausreichend.

Kostenarten

Zur Systematik. Es gibt:

- Fixkosten
- Variable Kosten

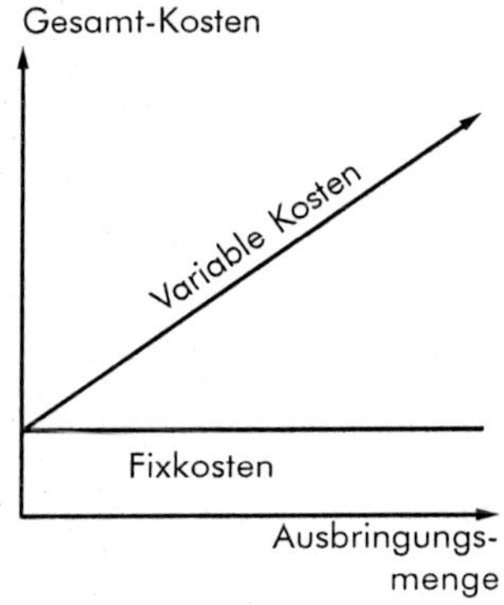

Fixkosten sind Kosten, die im Projekt anfallen, unabhängig von der erbrachten »Ausbringungsmenge«. Sie fallen relativ konstant für einen bestimmten Zeitraum an, egal »was im Projekt passiert«. Das sind zum Beispiel Kosten für Miete, Versicherungen oder Gehälter für Festangestellte. Fixe Kosten können im Projekt auch pauschal bezahlte Honorare oder Kosten für Anschaffungen sein.

Variable Kosten fallen in Abhängigkeit zur erbrachten »Ausbringungsmenge« an. Das sind zum Beipiel Lohnkosten pro Projektarbeitsstunde oder Materialkosten pro verbrauchter Materialmenge.

Berechnung der Projektkosten

Zur Kalkulation Ihrer Projektkosten gehen Sie wie folgt vor:

- Schreiben Sie eine Liste mit allen Ressourcen, denen kalkulatorisch relevante Kosten zugeordnet werden können. Entweder als fixe oder variable Kosten.
- Ordnen Sie jedem Vorgang die benötigten Ressourcen zu.
- Über die dem Vorgang zugeordnete Ressource und die Ressourcenkosten lassen sich die Kosten für den Vorgang berechnen.
- Überlegen Sie, ob für Vorgänge, Sammelvorgänge oder für das gesamte Projekt unabhängig von den Ressourcenkosten Kosten anfallen.

Alles addiert ergibt die gesamten geplanten Projektkosten. So einfach. Wie bei der Zeitplanung sollten Sie mit einer Kostenreserve kalkulicren, die zwischen 20% und 50% liegt, je nach Planungssicherheit Ihres Projektes.

Um die Plankosten mit den tatsächlich anfallenden Kosten vergleichen zu können, wird der Kostenplan in Abhängigkeit vom »Geldfluss« aufgestellt. Also, nicht wann die Leistung erbracht wurde, sondern, wann das Geld fließt, die Kosten tatsächlich anfallen.

Betrachten wir ausschnittsweise die Kostenkalkulation des Buchprojektes. Alle Teammitglieder sind freie Mitarbeier und werden pauschal oder nach Stundensätzen bezahlt.

Kostenrelevante Ressourcen

Ressourcen, denen Kosten zugeordnet werden können, sind:

Harald	Wird pauschal bezahlt, und zwar in zwei Schritten. Zum Meilenstein »1. Fassung« erste Auszahlung 3.000,- € und zweite Auszahlung »Freigabe« mit 1.500- €. An allen anderen Aktivitäten wie »Konzepttreffen« und »Präsentation« nimmt Harald »kostenneutral« teil.
Helga	Erhält 100,- €/Stunde
Peter	Erhält 80,- €/Stundc
Anne	Erfält 75,- €/Stunde
Dagmar	Ist studentische Aushilfe und erhält 8,- €/Stunde
Raummiete	Für die Abschlusspräsentation werden Räume angemietet. Kosten: 450,- €
Einladungen	Für Werbung und Einladungen werden 600,- € veranschlagt.
Probedruck	Für die verteilten Musterexemplare entstehen Kosten von 550,- €.

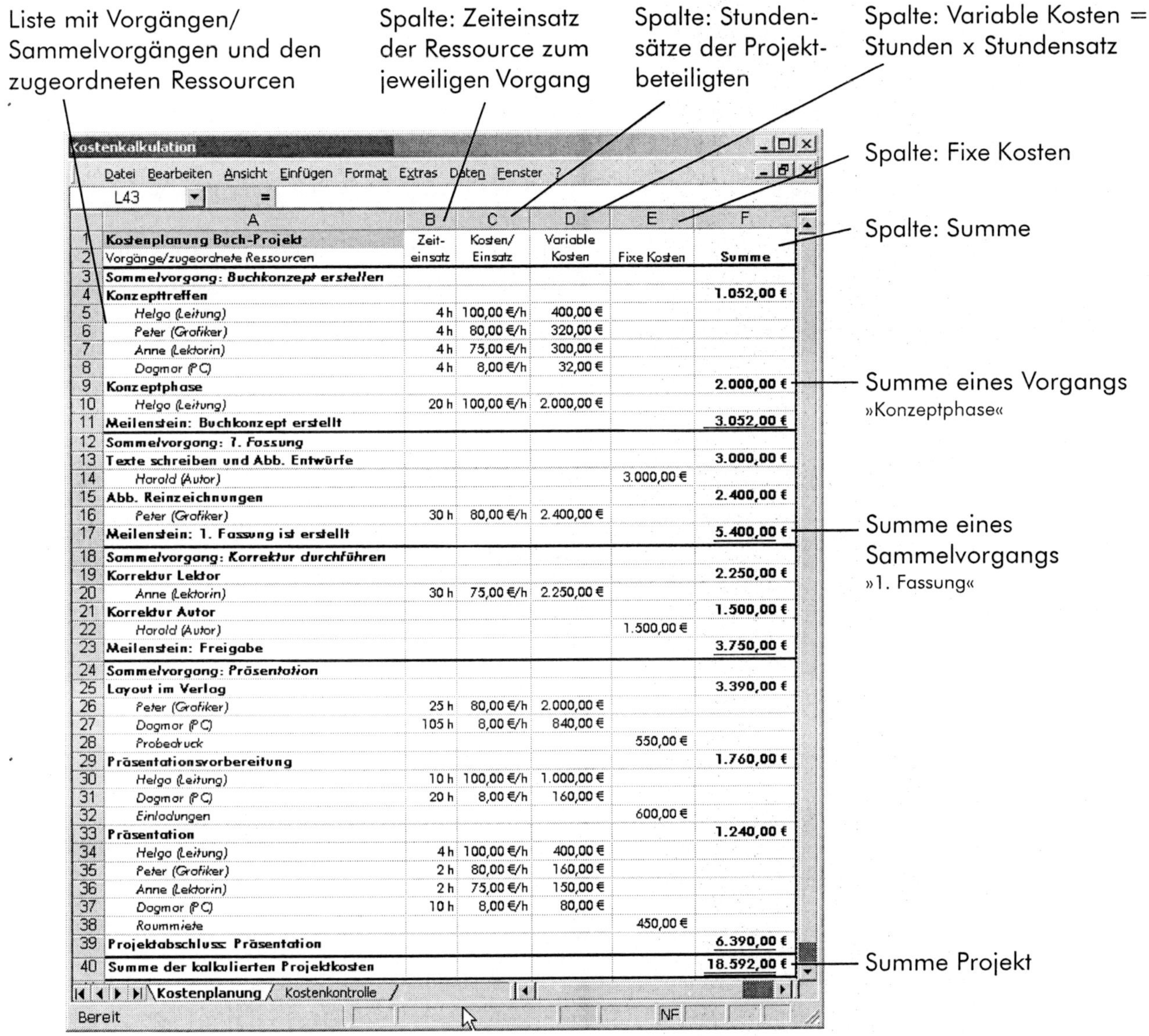

	A	B	C	D	E	F
1	**Kostenplanung Buch-Projekt**	Zeit-	Kosten/	Variable		
2	Vorgänge/zugeordnete Ressourcen	einsatz	Einsatz	Kosten	Fixe Kosten	**Summe**
3	***Sammelvorgang: Buchkonzept erstellen***					
4	**Konzepttreffen**					**1.052,00 €**
5	*Helga (Leitung)*	4 h	100,00 €/h	400,00 €		
6	*Peter (Grafiker)*	4 h	80,00 €/h	320,00 €		
7	*Anne (Lektorin)*	4 h	75,00 €/h	300,00 €		
8	*Dagmar (PC)*	4 h	8,00 €/h	32,00 €		
9	**Konzeptphase**					**2.000,00 €**
10	*Helga (Leitung)*	20 h	100,00 €/h	2.000,00 €		
11	**Meilenstein: Buchkonzept erstellt**					**3.052,00 €**
12	***Sammelvorgang: 1. Fassung***					
13	**Texte schreiben und Abb. Entwürfe**					**3.000,00 €**
14	*Harold (Autor)*				3.000,00 €	
15	**Abb. Reinzeichnungen**					**2.400,00 €**
16	*Peter (Grafiker)*	30 h	80,00 €/h	2.400,00 €		
17	**Meilenstein: 1. Fassung ist erstellt**					**5.400,00 €**
18	***Sammelvorgang: Korrektur durchführen***					
19	**Korrektur Lektor**					**2.250,00 €**
20	*Anne (Lektorin)*	30 h	75,00 €/h	2.250,00 €		
21	**Korrektur Autor**					**1.500,00 €**
22	*Harold (Autor)*				1.500,00 €	
23	**Meilenstein: Freigabe**					**3.750,00 €**
24	***Sammelvorgang: Präsentation***					
25	**Layout im Verlag**					**3.390,00 €**
26	*Peter (Grafiker)*	25 h	80,00 €/h	2.000,00 €		
27	*Dagmar (PC)*	105 h	8,00 €/h	840,00 €		
28	*Probedruck*				550,00 €	
29	**Präsentationsvorbereitung**					**1.760,00 €**
30	*Helga (Leitung)*	10 h	100,00 €/h	1.000,00 €		
31	*Dagmar (PC)*	20 h	8,00 €/h	160,00 €		
32	*Einladungen*				600,00 €	
33	**Präsentation**					**1.240,00 €**
34	*Helga (Leitung)*	4 h	100,00 €/h	400,00 €		
35	*Peter (Grafiker)*	2 h	80,00 €/h	160,00 €		
36	*Anne (Lektorin)*	2 h	75,00 €/h	150,00 €		
37	*Dagmar (PC)*	10 h	8,00 €/h	80,00 €		
38	*Raummiete*				450,00 €	
39	**Projektabschluss: Präsentation**					**6.390,00 €**
40	**Summe der kalkulierten Projektkosten**					**18.592,00 €**

Helga hat alle Kostenplanungsdaten in eine Kalkulationstabelle eingegeben. Daraus ergibt sich eine Summe der kalkulierten Kosten für das »Buch-Projekt« von 18.592,- €.

Grundsätzliches zum Planen

- Einfach und überschaubar

Nicht mit Kanonen auf Spatzen schießen! Man kann sich auch »tot planen« und vor lauter Planung das Projekt vergessen. Planung bringt Zeitgewinn, Überplanung bringt Zeitverlust. Sie sollten den richtigen Punkt zwischen Unter- und Überplanung finden. Ziel ist eine im wahrsten Sinne überschaubare Darstellung der Projektaktivitäten. Wenn das nicht gelingt, ist der Plan für die Katz. Bedenken Sie auch, dass ein Plan aktuell gehalten werden muss. Wenn alles bis ins allerletzte Detail geplant ist, sind Sie mehr mit »Plan auf dem neusten Stand halten« beschäftigt als mit sonst etwas. Beim Planen gilt die Regel: KISS = Keep it simple und short.

- Prinzip der Schriftlichkeit

Planen Sie immer in schriftlicher Form. Egal, ob mit dem PC oder auf einem Formular, legen Sie Ihre Planungsdaten in schriftlicher Form nieder. Die Schriftlichkeit motiviert zum »Entscheiden«, macht die Dinge bewusst und bringt Verbindlichkeit.

- Immer planen

»Bei uns passiert so viel Unvorhergesehenes, da können wir gar nicht planen.« »Wir wissen nicht genau, wie das ablaufen soll, da können wir doch keinen Plan erstellen.« Planen heißt nicht »Die Zukunft betonieren«. Die Erfahrung zeigt: Haben Sie geplant, können Sie besser auf unvorhergesehene Dinge reagieren, als wenn Sie nur improvisieren. Sie können auch einen Plan erstellen, wenn Sie noch nicht genau wissen, wie etwas ablaufen soll. Und zwar so, wie es ablaufen könnte, wie Sie es vermuten. Sie werden sehen, wie hilfreich solche Pläne sind und wie sie allen Beteiligten Sicherheit und Überblick geben.

Wer ist schon Hellseher? Planen ist immer eine Spekulation in die Zukunft. »Harald, wie viele Tage soll ich für den Vorgang ›Text schreiben‹ einplanen?« »Keine Ahnung, woher soll ich das wissen? So was habe ich noch nie gemacht.« Wenn Sie jetzt als Projektteam das Planen aufgeben, nur weil Sie die Dauer von Vorgängen nicht festlegen können, die Sie noch nie gemacht haben, wäre das schade. Da ein Projekt etwas Einmaliges ist, wird es bei vielen Aktionen so sein, dass Sie die noch nie gemacht haben. Hier nicht das Planen aufgeben. Die Regel lautet »Immer Planen«. Auch die Aktionen, von denen Sie nicht wissen, wie sie genau ablaufen werden. Schätzen Sie. Schätzen heißt nicht raten, aber auch nicht wissen. Es liegt irgendwie dazwischen. Schätzen heißt, festlegen aufgrund von Erfahrungswerten. Und Erfahrung haben wir alle. Auch Harald hat eine Erfahrung zum Textschreiben und kann somit die Dauer schätzen. Und wer verbietet mir, zum Schätzen auf die Erfahrung Anderer zurückzugreifen? Sie müssen nur diejenigen fragen, die Erfahrung haben. Aber auch die wissen es in der Regel nicht, sondern schätzen.

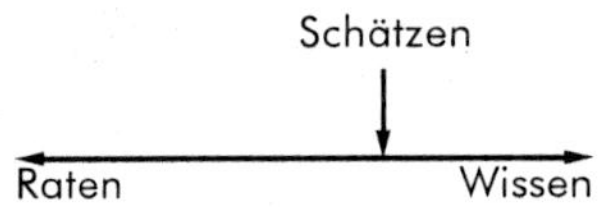

- Reservezeiten einplanen

»Bei unserem letzten Projekt lief alles nach Plan. Keine Verzögerungen. Alle haben ihre Arbeit pünktlich erledigt.« Klingt arg gelogen. Meist passieren unvorhergesehene Verzögerungen. Ein Lieferant bringt die Ware nicht pünktlich, der PC stürzt kurz vor der Präsentation ab, oder die fünfjährige Tochter hat den Netzplan als Malpapier verwendet. Gut, wenn Sie jetzt ein wenig Reservezeit eingeplant haben und nicht alles auf die letzte Minute laufen muss. Reservezeiten sollten wirklich auch Reservezeiten für Katastrophen oder Beinahe-Katastrophen sein und nicht von vorneherein, meist unbewusst, verplant werden. »Ja, das kann dann die Frau Holstein noch machen, die hat ja noch zwei Tage Reservezeit.« »Da können wir ruhig den Planungstermin überziehen, der Herr Dilk plant ja immer Reservezeiten ein.« So sollten Sie Ihre Reservezeiten nicht »verschwenden«, sondern sie nur für wirkliche Notlagen verwenden. Die eingeplanten Reservezeiten können zwischen 20% und 50% liegen, je nach Planungssicherheit in Ihrem Projekt.

Vorteile des Planens

OK. Planen kostet Zeit, Stress und Anstrengung. Warum macht man sich den Stress? Ziel des Planens ist, dass der Ablauf des Projektes effizienter ist. Die Vorteile des Planens sind:

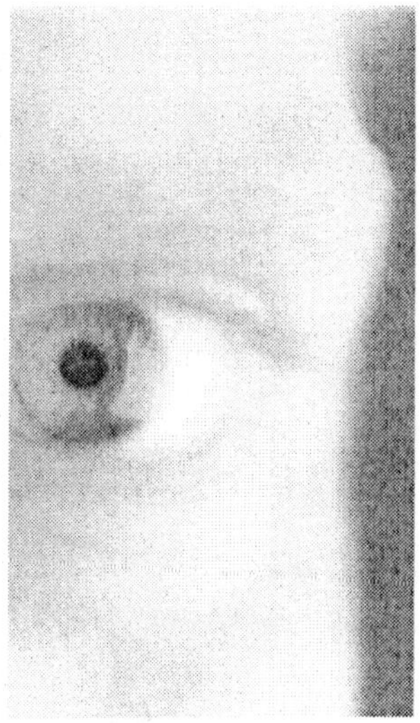

- Übersicht

Durch den Plan haben Sie eine Übersicht über die Projektaktivitäten. Es liegt kein »diffuses« Irgendetwas vor Ihnen, sondern die Sache hat Struktur.

- Bewusst machen, was zu tun ist

Nachdem Sie einen Plan gemacht haben, werden Sie überrascht sein, »was alles zu tun ist«. Durch die systematische Auflistung aller Projektaktivitäten können Sie einen realistischen Zeitplan aufstellen und die Kosten besser kalkulieren. Die Wahrscheinlichkeit, dass das Projekt erfolgreich realisiert wird, erhöht sich immens.

- Bessere Reaktion auf Unvorhergesehenes

Die Regel lautet: »Je besser Sie planen, desto besser können Sie auf unvorhergesehene Dinge reagieren«. Im Laufe des Projektes werden Sie immer wieder von Ihrem Plan abweichen müssen. Wenn Sie gut geplant haben, können Sie sofort sehen, welche Vorgänge von der Veränderung betroffen sind, und entsprechend reagieren.

- Planungssicherheit

In der Regel arbeiten Sie im Projektteam. Durch einen visualisierten Plan sehen die Projektmitglieder, wer wann was zu tun hat. Das gibt Planungssicherheit für alle Beteiligten.

- Diskussionsgrundlage

Was alles im Projekt zu tun ist, ergibt sich häufig aus einem Diskussionsprozess im Projektteam. Wenn Sie in den Schritten Projektzeit, Meilensteine, Vorgänge, Projektstrukturplan, Projektablaufplan und Balkendiagramm vorgehen und alle Schritte visualisieren, haben Sie eine gemeinsame Diskussionsplattform im Projekteam. Die Diskussion hat eine Struktur und einen roten Faden. Die Chance, dass allen klar ist, um was es gerade geht, wenn ein Balkendiagramm als Planungsvorschlag vorliegt, ist deutlich erhöht.

- Motivation, »im Plan zu bleiben«

Existiert erst einmal ein »ordentliches« Balkendiagramm mit Vorgängen, Terminen und Meilensteinen, ist die Motivation der Teammitglieder, den Plan auch einzuhalten, höher, als wenn jeder »vor sich hinwurstelt« und dann fertig ist, wenn er mal für die Projektarbeit Zeit findet. Die Motivationspsyche ist meist so, dass man, wenn es einen festen Termin gibt, bemüht ist, diesen einzuhalten. Termine sollten Sie als Projektleiter, wann immer möglich, mit Ihrem Projektteam vereinbaren und nicht vorgeben. Hat das Teammitglied den Fertigstellungstermin selbst vorgeschlagen, steigt die Motivation, diesen auch einzuhalten, nochmals um 250%.

- Motivation »zum Entscheiden«

Im Projekt müssen Entscheidungen getroffen werden. Wann geht es los, welche Zwischenziele haben wir, wann wollen wir diese erreichen, wer kümmert sich um was und was wollen wir überhaupt erreichen? Entscheidungen fällen ist manchmal schwer. Viele so genannten Projekte verharren in dem »Man müsste eigentlich mal...«-Zustand. Stellen Sie einen Plan auf und Sie »müssen« im positiven Sinne konkret werden. Entsteht ein Plan, muss entschieden werden, wer was wann macht.

Planen mit dem PC

Links zu Projektplanungs-programmen auf der Web-Site www.schilling-verlag.de

Es gibt zahlreiche Projektplanungsprogramme, die Ihnen das Zeichnen von Netz- oder Balkenplänen erleichtern. Die Planungsarbeit wird Ihnen aber nicht abgenommen. Sie müssen entscheiden, was gemacht werden soll, Sie müssen entscheiden, wie die Vorgänge verknüpft werden, Sie müssen entscheiden, wie lange etwas dauert. Das macht der Computer nicht. Der PC ist ein Werkzeug, bedienen müssen Sie es selbst. Ich vergleiche das gerne mit jemandem, der Schwierigkeiten hat, Liebesbriefe zu schreiben, und den Tipp bekommt, sich doch einfach ein Textverarbeitungsprogramm zu kaufen. Der Kauf eines Planungsprogramms ist noch keine Garantie für eine gute Planung. Der Computer macht auch von einer schlechten Planung hübsche, bunte Pläne zum An-die-Wand-Hängen.

Die Vorteile des PC-Einsatzes

Wobei kann das Programm Sie unterstützen?

- Grafische Umsetzung der Planungsinfos

Das Programm zeichnet Ihnen das Balkendiagramm. Geben Sie alle Daten ein wie Vorgänge, Meilensteine, Sammelvorgänge, Vorgangsdauer und Verknüpfungen, und schwupp haben Sie ein Balkendiagramm. Und wie Sie

schon wissen, per Mausklick den Netzplan. Tipp: Fällen Sie alle Entscheidungen, bevor Sie sich an den Rechner setzen. Planen Sie Ihr Projekt nicht am PC. Wenn Sie im Projektteam planen, nutzen Sie gemeinsame Visualisierungsmedien wie Flipchart, Tafel, Whiteboard und Pinnwand. Erst, wenn alles entschieden ist, setzen Sie die Entscheidungen im Balkendiagramm um. Dann kann immer noch einmal darüber diskutiert werden.

- Flexiblere Änderungen

Klarer Vorteil am PC: Ändern sich die Planungsdaten, entsteht ein neues Balkendiagramm; einfach aktuelle Daten eingeben und neu ausdrucken. Haben Sie alles mit der Hand gezeichnet, sind Änderungen mühsamer.

- Auswirkungen von Änderungen abschätzen

Durch die eingegebenen Verknüpfungen sind die Vorgänge voneinander »abhängig«. Verändern Sie einen Vorgang, indem Sie ihn zum Beispiel verlängern, sehen Sie am PC sofort die Auswirkung auf die nachfolgenden Vorgänge. Bedingung dafür ist, dass alle Verknüpfungen exakt und stimmig eingegeben sind. Und das ist eine Tücke für sich. Tipp: Nutzen Sie die Informationen, die Ihnen der PC liefert, schalten Sie dabei aber nicht Ihr Gehirn aus. Wenn der Rechner »falsche« Daten liefert, sitzt der »Fehler« meistens vor dem PC.

- Ressourcen und Kostenkalkulation

Da Ressourcenplanung und Kostenkalkulation an die Daten des Balkendiagramms anknüpfen, bietet es sich an, diese Kalkulationen ebenfalls von dem Planungsprogramm übernehmen zu lassen. Aber auch hier gilt: Die Berechnung stimmt nur, wenn alle Daten korrekt eingegeben werden.

Es geht auch ohne PC und Projektmanagement-Software

Die Anschaffung eines Projektplanungsprogramms ist in der Regel, gerade für kleine und mittlere Projekte, mit einer nicht unerheblichen Investition verbunden. Einige Berechnungen und Darstellungen lassen sich auch mit »normalen« Office-Anwendungen bewerkstelligen. Zwar müssen Sie dort auf die eine oder andere Darstellungsform und automatische Funktion verzichten, aber es geht. Für die gesamte Kalkulationsarbeit bietet sich ein »normales« Kalkulationsprogramm geradezu an.

Und es geht auch ohne Planungsprogramm. Das Balkendiagramm mit der Hand gezeichnet, ist immer noch besser als gar kein Plan. Als Balkendiagrammvorlage können Sie sich ein Formblatt von der Web-Site www.schilling-verlag.de herunterladen.

8

Projektsteuerung

Ohne Steuerung kommt man selten ans Ziel

8 Projektsteuerung

Stellen Sie sich einen Kapitän vor, der ein bestimmtes Ziel erreichen will. Er bestimmt am Anfang der Reise die richtige Richtung, setzt die Segel und bindet das Steuerrad fest. Danach legt er sich in seine Kabine und sagt der Mannschaft, sie sollen ihn wecken, wenn sie am Ziel angekommen sind. Wahrscheinlich wartet er ewig oder wird unsanft aus dem Schlaf gerissen, wenn das Schiff auf ein Riff gelaufen ist und sinkt. Mit einem Projekt verhält es sich ähnlich wie mit einem Schiff in rauer See. Es reicht nicht aus, einmal die Richtung vorzugeben und sich dann bequem zurückzulehnen. Es muss ständig die momentane Position bestimmt werden, um bei Abweichungen entsprechend gegenzusteuern. Die Mannschaft sollte Bericht erstatten über den Zustand des Schiffes und eventuelle Probleme. Nur so wird erfolgreich auf das angestrebte Ziel zugesteuert. Um eine erfolgreiche Projektsteuerung durchzuführen, brauchen Sie:

- einen Projektplan
- eine Projektkontrolle und
- eine Projektsteuerung.

Mehr zum Thema Projektplanung im Kapitel 7

Der Plan gibt den Sollzustand vor, die Kontrolle stellt die Übereinstimmung oder Abweichung vom Plan fest und die Projektsteuerung steuert bei Abweichungen wieder auf den richtigen Kurs. So weit die Theorie. Grundvoraussetzung einer Projektsteuerung ist ein guter Projektplan. Wenn ein Projektteam jammert: »Unsere Projektsteuerung ist so chaotisch. Was können wir tun?« fragen Sie zurück: »Habt ihr einen Projektplan?« und wenn Sie dann als Antwort bekommen »Welcher Plan?« haben Sie schon den Kern des Übels erkannt. Keine Projektsteuerung ohne Plan.

Projektkontrolle

Um Abweichungen vom Plan festzustellen, gibt es zwei klassische Instrumente mit unterschiedlichem Ansatz: die »Soll-Ist-Analyse« und die »Trendanalyse«.

Soll-Ist-Analyse

Bei der »Soll-Ist-Analyse« werden die Sollvorgaben mit dem Ist-Zustand abgeglichen. Die Soll-Daten werden aus der Projektplanung übernommen.

Sind Abweichungen aufgetreten, dürfen diese natürlich nicht einfach zur Kenntnis genommen werden, sondern es ist erforderlich, entsprechende Korrekturmaßnahmen zu ergreifen, den Plan anzupassen oder eventuell sogar Ziele zu verändern. Meistens werden Kontrollen durchgeführt, um folgende Abweichungsarten zu ermitteln:

- Ergebnisabweichung
- Terminabweichung
- Kostenabweichung

Beispiel Kostenabweichung: Schauen Sie sich die Planungsdaten aus dem Buchprojekt an. Zeitlich befinden wir uns kurz nach dem Meilenstein »Freigabe«. Helga hat eine Kalkulationstabelle mit den Plan- und Ist-Kosten angefertigt. Bis zum Meilenstein »Buchkonzept erstellen« lief alles glatt. Danach kommt es zu einer Überschreitung der geplanten Kosten.

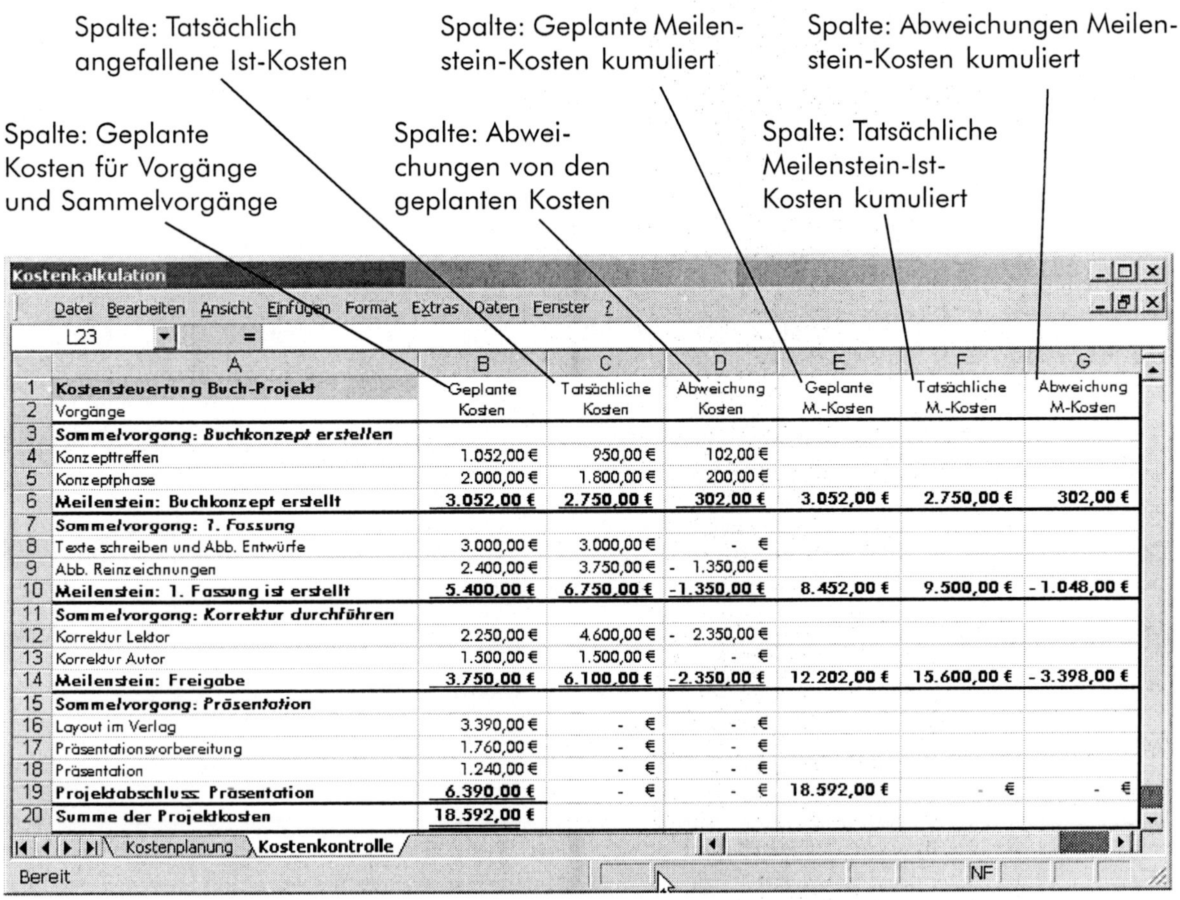

	A	B	C	D	E	F	G
1	**Kostensteuerung Buch-Projekt**	Geplante Kosten	Tatsächliche Kosten	Abweichung Kosten	Geplante M.-Kosten	Tatsächliche M.-Kosten	Abweichung M-Kosten
2	Vorgänge						
3	***Sammelvorgang: Buchkonzept erstellen***						
4	Konzepttreffen	1.052,00 €	950,00 €	102,00 €			
5	Konzeptphase	2.000,00 €	1.800,00 €	200,00 €			
6	**Meilenstein: Buchkonzept erstellt**	**3.052,00 €**	**2.750,00 €**	**302,00 €**	**3.052,00 €**	**2.750,00 €**	**302,00 €**
7	***Sammelvorgang: 1. Fassung***						
8	Texte schreiben und Abb. Entwürfe	3.000,00 €	3.000,00 €	- €			
9	Abb. Reinzeichnungen	2.400,00 €	3.750,00 €	- 1.350,00 €			
10	**Meilenstein: 1. Fassung ist erstellt**	**5.400,00 €**	**6.750,00 €**	**-1.350,00 €**	**8.452,00 €**	**9.500,00 €**	**- 1.048,00 €**
11	***Sammelvorgang: Korrektur durchführen***						
12	Korrektur Lektor	2.250,00 €	4.600,00 €	- 2.350,00 €			
13	Korrektur Autor	1.500,00 €	1.500,00 €	- €			
14	**Meilenstein: Freigabe**	**3.750,00 €**	**6.100,00 €**	**-2.350,00 €**	**12.202,00 €**	**15.600,00 €**	**- 3.398,00 €**
15	***Sammelvorgang: Präsentation***						
16	Layout im Verlag	3.390,00 €	- €	- €			
17	Präsentationsvorbereitung	1.760,00 €	- €	- €			
18	Präsentation	1.240,00 €	- €	- €			
19	**Projektabschluss: Präsentation**	**6.390,00 €**	- €	- €	**18.592,00 €**	- €	- €
20	**Summe der Projektkosten**	**18.592,00 €**					

In der Grafik sind die kumulierten Kosten parallel zu den Meilensteinen dargestellt. Ab dem Meilenstein »1. Fassung« kommt es zu einer Kostenüberschreitung, die beim Meilenstein »Freigabe« sehr deutlich wird.

Kostenverlauf grafisch dargestellt

Meilensteinplan:

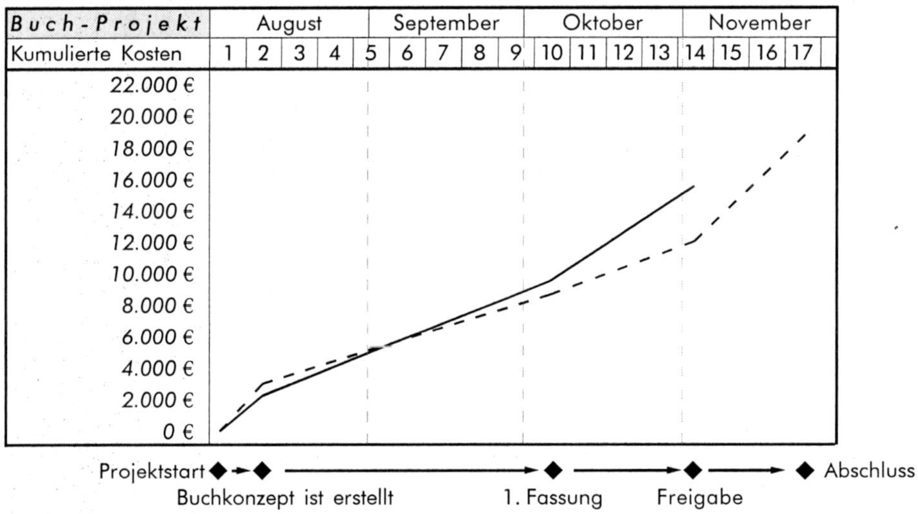

Stichtagskontrolle

Eine spezielle Möglichkeit der Soll-Ist-Analyse ist die Stichtagskontrolle. Die Stichtagskontrolle stellt die zeitliche Abweichung der Vorgangsfortschritte dar. Bei der Stichtagskontrolle wird in festgelegten, regelmäßigen Abständen der Ist-Stand der einzelnen Vorgänge ermittelt. Die Soll-Ist-Abweichungen werden mit einer Stichtagslinie (Soll-Wert) und einer Erfüllungslinie (Ist-Wert) grafisch dargestellt.

Auf der nächsten Seite ist das »Buchprojekt« aus dem letzten Kapitel abgebildet. Stichtag ist Ende August. Die Fortschritte der einzelnen Projektaktivitäten sind als schwarzer Balken innerhalb des Vorgangsbalkens dargestellt. Schnell lässt sich ablesen, wie es um die einzelnen Projektaktivitäten bestellt ist. Mit Textschreiben ist Harald schon vorplanmäßig fertig (70%), aber mit den Abbildungsentwürfen hapert es. Dieser Vorgang ist erst zu 50% abgeschlossen. So konnte Peter auch noch nicht mit seinen Reinzeichnungen anfangen, die zum Stichtag eigentlich schon zu 20% fertig sein sollten.

Natürlich ist es jetzt nicht damit getan, die Abweichungen festzustellen und dann zu hoffen, dass alles schon gut gehen wird. Jetzt heißt es fest-

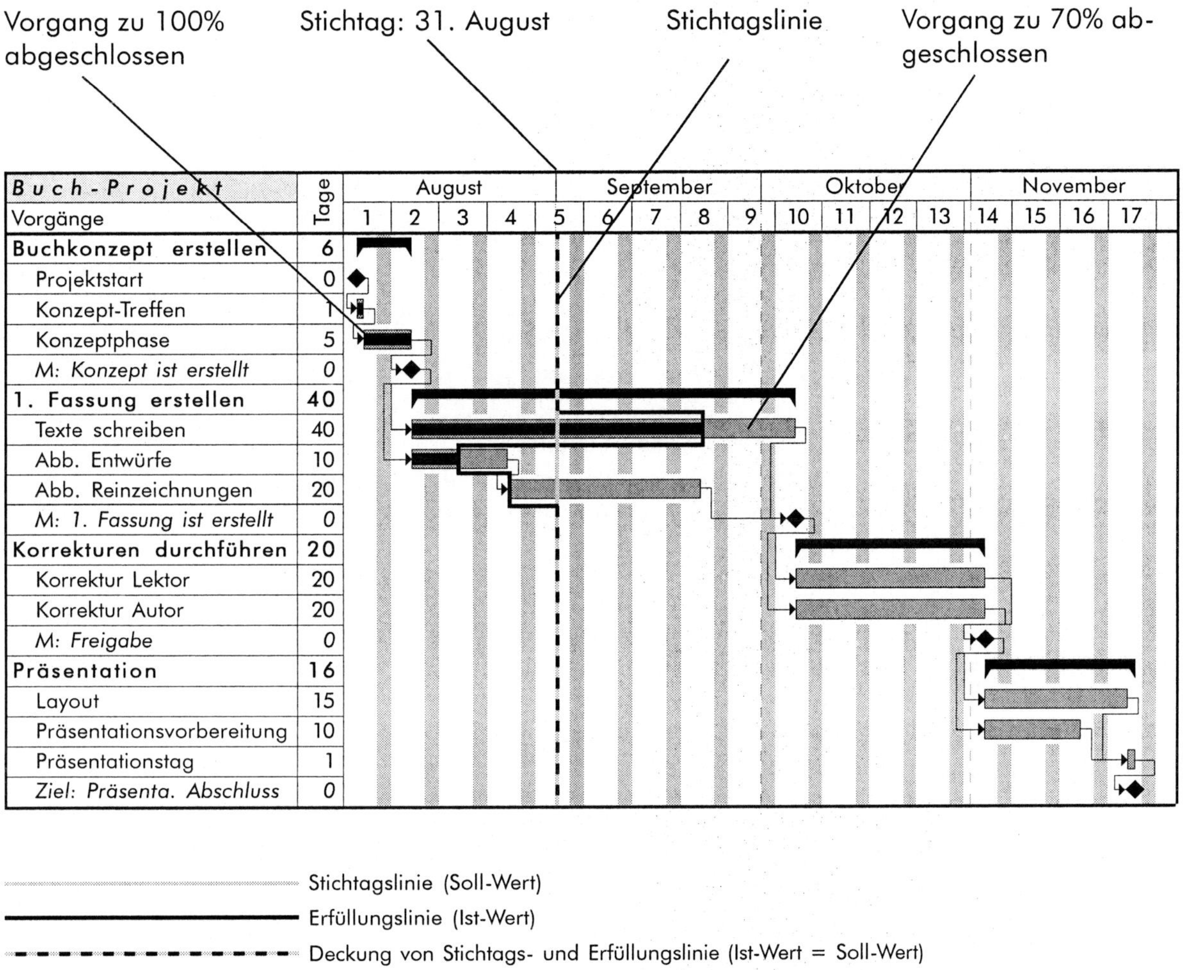

stellen, ob die Verzögerungen weitere Terminverschiebungen auslösen oder sogar auf dem kritischen Pfad liegen, was beim aufgezeigten Beispiel noch nicht der Fall ist, sich aber bei weiteren Verzögerungen schnell ergeben kann.

Woher weiß Dagmar, die den Plan gezeichnet hat, wie weit die Vorgänge fortgeschritten sind? Vorgang »Text schreiben« zu 70% abgeschlossen. Woher hat sie diese Information? Die Information über den Projektfortschritt erhält Dagmar von den Vorgangsverantwortlichen. In diesem Fall Harald. Harald »schätzt«, wie weit er mit der Arbeit gekommen ist. Es ist also kein »messbarer« Wert, sondern eine Einschätzung der Projektbeteiligten.

Trendanalyse = gegensteuern, bevor das »Projektschiff« auf das Riff läuft

Trendanalyse

Es ist der Nachteil der Soll-Ist-Analyse, dass die Abweichung erst festgestellt wird, wenn es schon zu spät ist, wenn sie schon eingetroffen ist. Bei der Trendanalyse versucht man, mögliche Abweichungen zu erkennen und rechtzeitig gegenzusteuern. Die Abweichungen sollen erkannt werden, bevor sie eintreten.

Die Trendanalyse dient dazu, eventuell auftretende Schwierigkeiten zu erörtern und Gegenmaßnahmen abzuklären. »Beim letzten Meilenstein gab es Verzögerungen wegen der verspäteten Lieferung von der Firma Müller. Da der nächste Abschnitt wieder terminlich von einer Müller-Lieferung abhängt, sollten wir uns den Liefertermin nochmals schriftlich bestätigen lassen...« »Wir sind auf unerwartete Schwierigkeiten gestoßen. Wahrscheinlich brauchen wir für den ersten Abschnitt eine Woche länger, aber wenn wir im zweiten Abschnitt zwei Mitarbeiter mehr einsetzen, könnten wir das gut wieder aufholen...«

Der Vorteil der Trendanalyse ist, dass die erörterten Abweichungen nicht zwangsläufig eintreten werden. Man versucht, die Gewitterwolken am Horizont zu erkennen und rechtzeitig Regenschirme zu besorgen, damit nicht alles ins Wasser fällt, und nicht erst aufgebracht herumzurennen, wenn schon alle im Regen stehen.

Trendanalysen erfordern ein regelmäßiges Treffen der Teammitglieder rechtzeitig vor entscheidenden Projektterminen, wie zum Beispiel Meilensteinen. Sie erfordern auch die Offenheit der Teammitglieder, Schwierigkeiten anzusprechen, und den Willen, die Probleme rechtzeitig zu meistern.

Projektsteuerung

Ist die Abweichung oder die drohende Abweichung vom Plan erkannt, gilt es gegenzusteuern. Aber wie? Dafür gibt es keine Patentlösung. So bitter das auch ist. Die Lösung lautet immer: »Die Projektgruppe muss einen Weg finden.«

Bei Abweichungen sollten folgende Fragen geklärt werden:

- Lösen die Verspätungen weitere Terminverzögerungen aus?
- Liegen die Vorgänge auf dem kritischen Pfad?
- Ergibt sich ein neuer kritischer Pfad?
- Welche Maßnahmen müssen ergriffen werden?
- Was können wir tun, um zukünftige Abweichungen zu vermeiden?

Bei jeder Lösung, die Sie im Projektteam erarbeiten, sollten Sie immer überlegen, ob Sie sich mit der Lösung nicht neue Probleme schaffen und wie eine schlecht organisierte Feuerwehr von einem Brandherd zum nächsten hetzen. Mögliche Maßnahmen, um den Abweichungen entgegenzusteuern, sind:

- Erhöhung des Personaleinsatzes

Aber nicht alle Arbeiten gehen schneller, wenn man mehr Leute darauf ansetzt. Manchmal erreicht man sogar durch die Reduktion der Anzahl der Beteiligten eine Beschleunigung des Vorgangs. Außerdem entstehen durch erhöhten Personaleinsatz oft auch höhere Kosten.

- Verschiebung von Meilensteinen und/oder des Projektendtermins

Eine Lösung bei Engpässen ist immer, einfach die Termine zu verschieben. Fragen: »Gefährden wir damit das Projektziel? Was sagt der Projektauftrageber dazu? Handeln wir uns damit eventuell Regressforderungen ein? Wie sind die nachfolgenden Vorgänge davon betroffen?«

- Veränderung des Sachziels

Hängen wir die Messlatte einfach niedriger. Eigentlich war ein Buch mit 150 Seiten geplant, machen wir einfach eines mit 10 Seiten daraus, und unsere Terminabweichungen sind gelöst. Fragen: »Was sagt der Projektauftraggeber dazu? Handeln wir uns damit eventuell Regressforderungen ein? Und die Teammitglieder? Sind diese noch motiviert, wenn bei der kleinsten Schwierigkeit einfach die Qualität baden geht?«

Schwierig. Jede »Lösung« hat ihr Für und Wider. Oft ist die Lösung eine Kombination aus unterschiedlichen Kompromissen. Harald bekommt noch zeitweise Unterstützung von Dagmar (sie hat den niedrigsten Stundensatz. Um Dagmar zu bezahlen, verzichtet Harald auf einen Teil seines Honorars), er darf die Grafiken zwei Tage später abgeben (die Tage arbeitet Peter dann wieder raus) und auf zwei umfangreiche Darstellungen wird ganz verzichtet. Die Lösungen fallen nicht von der Decke, sie erfordern Engagement und kreativen Einsatz im Team.

Schauen Sie sich ein Beispiel aus dem Buch-Projektteam an. Harald ist mit der Angabe der Abbildungsentwürfe noch weiter in Verzug gekommen. Das Team trifft sich am 31. August zur Trendanalyse. Peter kommt mit einer schlechten Nachricht. Er hat einen zusätzlichen Auftrag bekommen und braucht dadurch für die Reinzeichnungen länger als die geplanten 20 Tage. Es hilft nichts. Der Meilenstein »1. Fassung ist erstellt« muss vom 5. Oktober um acht Tage verschoben werden. Dagmar möchte den geplanten Präsentationstermin aber gerne beibehalten. Nach langer Diskussion entscheidet sich das Team für die Lösung, die Korrekturphase auf zwölf Tage zu verkürzen. Um das zu schaffen, erklärt Harald sich dazu bereit, die Wochenenden durchzuarbeiten, und Anne, die Lektorin, bekommt zusätzliche Unterstützung durch die Kollegin Annegret.

Wie sich die Planung im Unterschied zur ursprünglichen Planung dadurch verändert hat, sehen Sie im nebenstehenden Plan.

Basisplan und aktueller Plan

Aus den Entscheidungen der Projektsteuerung ergibt sich fast immer eine Änderung des Projektplans. Der so genannte Basisplan ist der ursprünglich geplante Projektablauf. Alle weiteren Pläne sind die »aktuellen«. Es gibt einen Basisplan und einen aktuellen Plan und viele »ehemals« aktuelle Pläne, die Sie zur Projektdokumentation aufbewahren können. Im Projektteam sollte immer nur der »jetzt« aktuelle Plan und im Vergleich der Basisplan den Projektmitgliedern als Diskussionsgrundlage dienen. Sonst sitzen fünf Teammitglieder vor zehn verschiedenen Plänen. Interessant ist die Darstellung des aktuellen Plans gegenüber dem Basisplan. In der nebenstehenden Abbildung sehen Sie eine Darstellungsform von Basisplan und aktuellem Plan in einem gemeinsamen Balkendiagramm.

Aktueller Plan		Basisplan	
▬	Vorgangsbalken	▬	Ursprünglich geplanter Vorgangsbalken
◆	Meilenstein	◇	Ursprünglich geplanter Meilenstein

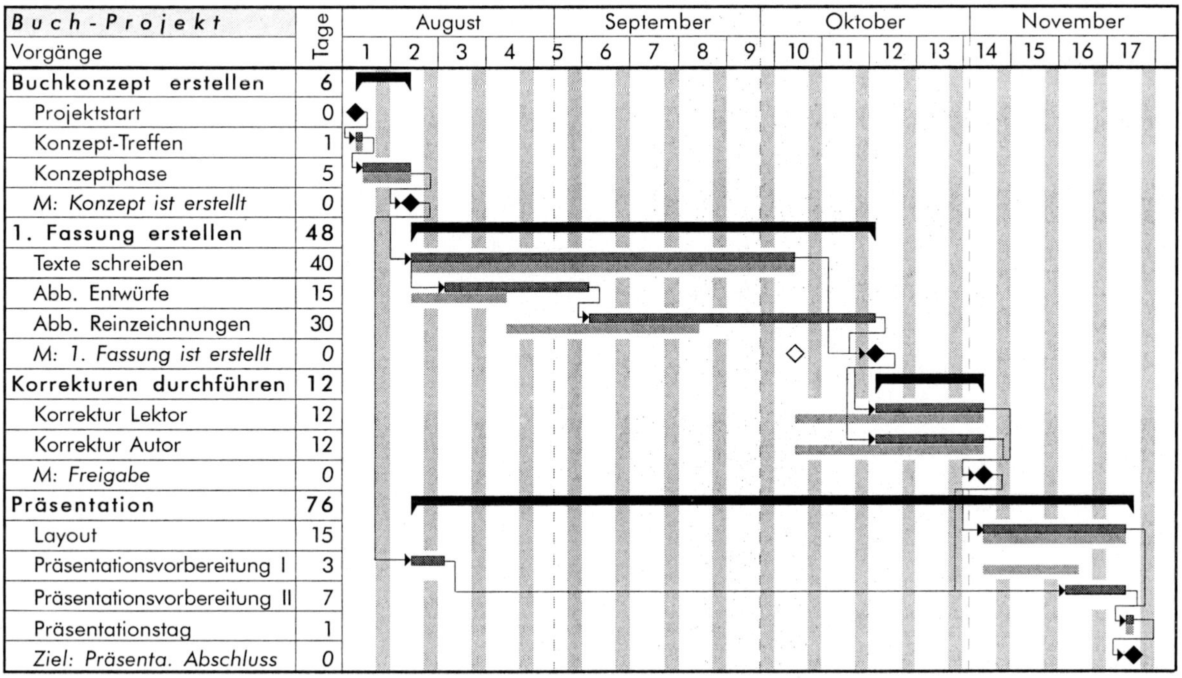

Projektdokumentation

Um Projekte gut steuern zu können, Fehler zu vermeiden und Vorgänge zurückverfolgen zu können, lohnt sich eine Projektdokumentation. Bei der Überlegung, wie eine Dokumentation aussehen könnte, helfen Ihnen folgende Fragen:

- Was soll dokumentiert werden?
- Wie soll dokumentiert werden?
- Wie müssen Unterlagen archiviert werden?
- Wer kümmert sich um die Dokumentation?
- Für wen werden Unterlagen gesammelt?
- Wo werden die Unterlagen aufbewahrt?
- Wer darf auf die Unterlagen zugreifen?
- Welche gesetzlichen Anforderungen werden an die Projektunterlagen gestellt?
- Wie lange müssen die Unterlagen nach Projektabschluss aufbewahrt werden?
- Welche Unterlagen müssen nach Abschluss des Projektes noch aufbewahrt werden?

9

Hilfreiche Projekt-Werkzeuge

Von Informationsbeschaffung bis Projektmeeting

9 Hilfreiche Projekt-Werkzeuge

Ein Projekt ist wie eine überschaubare Firma auf Zeit. Das heißt, alle Methoden, die in einem Unternehmen relevant sind, können Ihnen auch in der Projektarbeit hilfreich sein.

Es gibt Probleme, die gelöst werden sollen, schwierige Entscheidungen müssen gefällt werden und Informationen sollen zusammenfließen.

Und dann gibt es noch die obligatorischen Projekt-Meetings, die organisiert und durchgeführt werden wollen.

Für alle diese Aufgaben bieten sich die unterschiedlichsten Hilfsmittel und Unterstützungsmethoden an.

Neben den klassischen Projektmanagementmethoden wie »Zielsetzung«, »Planungsinstrumente« und »Projektsteuerung« finden Sie in diesem Kapitel eine Zusammenstellung weiterer Projektmanagement-Werkzeuge.

In diesem Kapitel finden Sie Erläuterungen zu:

- Informationsermittlung im Projekt
- Problemlösungstechniken
- Entscheidungstechniken
- Projektmeetings

Weitere Hilfreiche Projekt-Tools

Informationsermittlung im Projekt

Häufig müssen Sie in Projekten Informationen sammeln, um besser Entscheidungen zu fällen, Risiken abzuwägen, Chancen zu beurteilen, Probleme zu erkennen, Ursachen zu analysieren oder Bedürfnisse festzustellen. Hierzu stehen einige bewährte Methoden zur Verfügung.

Unterlagenrecherche

Das Rad muss nicht jedes Mal neu erfunden werden. Wenn Sie Informationen suchen, über die sich schon Andere den Kopf zerbrochen haben, ist es immer noch das Beste, in Büchern, Zeitschriften oder dem Internet zu suchen. Hier geht es um »Wissensinformation«. Wenn es aber um individuelle Probleme, Stimmungen oder Meinungen geht, stößt man schnell an die Grenzen einer Bibliothek. In keinem Buch steht, was die hauptsächlichen Probleme der Lagerverwaltung bei der Firma Habel sind oder welche Prioritäten der Wanderverein »Goldene Fußzehe« beim Ausflug in die Alpen hat. Hier müssen individuelle Meinungen, Stimmungen und Probleme von den Betroffenen erfragt werden.

Fragebogen

Meistens ist ein Fragebogen so aufgebaut, dass die Befragten auf standardisierte Fragen antworten. Unterscheiden kann man zwischen Fragen mit vorgegebenen Antwortmöglichkeiten und Fragen mit offenen Antwortmöglichkeiten. Im ersten Fall kann der Befragte zwischen vorgegebenen Antworten, meist durch Ankreuzen, entscheiden. Der Vorteil dieser Methode ist:

- Einfache Anwendung
- Günstige Methode, um viele Menschen zu befragen
- Einfache Auswertung
- Vergleichbarkeit

Der Nachteil der Methode ist, dass durch die vorgegebenen Fragen und Antworten das »Antwortverhalten« der Befragten stark beeinflusst werden kann. Der Entwerfer des Fragebogens wählt die Fragen und Antwortmöglichkeiten nach seinem Denken aus und beeinflusst damit stark das Ergebnis der Befragung. Dies ergibt kein »wirkliches« Bild der Situation, sondern ein durch die Fragestellung beeinflusstes Ergebnis. Dazu ein einfaches Beispiel: Jürgen soll als Projektleiter den Pausenraum im Bildungsinstitut »Bil-Dung« neu gestalten. Dafür soll eine Befragung der angestellten Dozenten und Teilnehmer nach ihren Wünschen erfolgen. Bei der Frage »Welche Getränke wünschen Sie?« gibt es die Ankreuzmöglichkeiten »Kaffee«, »Tee«, »Wasser«, »Saft«, »Heiße Schokolade«. Sicherlich wird Klaus nach dieser Befragung zu einem Ergebnis kommen, aber das Resultat ist stark von seinem »Getränkehorizont« geprägt. Vielleicht hätten die Leute lieber Bier, Capuccino oder heiße Milch. Welche Sorte Tee gewünscht wird, ob schwarz, rot oder grün, auch das wird Jürgen nach dieser Befragung nicht erfahren. Mit einer offenen Frage wäre er den »wirklichen« Wünschen wahrscheinlich näher gekommen: »Welche Getränkeauswahl wünschen Sie sich für den Pausenraum?« Ob dann alle Wünsche von Tomatensaft mit Pfeffer und Salz bis Bloody Mary auch erfüllt werden sollen oder können, ist eine andere Frage. Bei Fragebogen mit offener Antwortkategorie sind die Auswahlmöglichkeiten nicht vorgegeben, sondern die Befragten antworten mit mehreren Sätzen oder Stichworten. Die Beeinflussbarkeit ist geringer, allerdings ist die Auswertung aufwändiger und schwieriger. Natürlich sind auch Mischformen von offener und vorgegebener Antwortmöglichkeit einsetzbar.

Interview

Beim Interview erfolgt die Befragung im Gespräch. Der Interviewer hat vorher Fragen ausgearbeitet und notiert die Antworten mit. Der Vorteil ist, dass durch Rückfragen Unklarheiten sofort geklärt werden können. Nachteil ist, dass diese Methode relativ aufwändig ist.

Beobachtung

Informationen können auch durch Beobachtung gesammelt werden. Unterschiedliche Verfahren sind die relativ aufwändige Dauerbeobachtung von Vorgängen und die so genannte Multimomentstudie. Durch eine Multimomentstudie lässt sich der Aufwand verringern. Hierbei wird durch stichprobenartiges Beobachten auf die Gesamtheit der Ereignisse geschlossen. Eine andere Möglichkeit ist die Selbstbeobachtung, bei der die Beteiligten selbst bestimmte Ereignisse in schriftlicher Form protokollieren.

Problemlösungstechniken

Sie werden in Ihren Projekten auf genügend Probleme stoßen. Manche lassen sich einfach lösen, andere gar nicht. Manche sind leicht zu durchschauen, andere erfordern eine genauere Analyse. Für Probleme, deren Lösungen auf der Hand liegen, brauchen Sie keine speziellen Problemlösungstechniken. Manche Problemnuss lässt sich aber nur knacken, wenn man die eingefahrene »Denkschiene« verlässt und seine Scheuklappen ablegt. Hierfür können Ihnen die in diesem Kapitel vorgestellten kreativen Problemlösungstechniken eine gute Hilfe sein. Wenn Sie zum Beispiel auf der Autobahn mit einem platten Reifen liegenbleiben, brauchen Sie kein Kreativitätsteam, um das Problem zu lösen. Bekannte Probleme bewältigen wir, indem wir auf bekannte und bewährte Strategien zurückgreifen. Wir wechseln einfach das Rad gegen den Ersatzreifen aus. Für diese Probleme benötigen Sie keine Problemlösungstechniken. Was aber, wenn der Ersatzreifen auch platt ist, das Ganze auf einer einsamen, nicht befahrenen Straße stattfindet und ich noch nicht einmal einen Wagenheber dabei habe? Wenn bei Problemen neue, ungewöhnliche Lösungsmöglichkeiten gefragt sind, kann eine kreative Problemlösungstechnik den Ausweg zeigen.

Problemlösung im Team

»Viele wissen immer mehr als einer.« Das Prinzip der Problemlösung im Team ist, dass sich die Teammitglieder gegenseitig in ihrem Ideenfluss anregen. Dadurch entstehen zahlreichere und ungewöhnlichere Ideen, als wenn nur einer alleine überlegt oder jeder für sich.

Phasen der Problemlösung

Die meisten Problemlösungstechniken gliedern sich in vier Phasen. Wichtig ist, dass diese Phasen im Problemlösungsprozess streng getrennt werden. Jeder Abschnitt wird eindeutig begonnen und beendet und klar von den anderen getrennt. In der Phase der Problemformulierung werden keine Lösungen geäußert, und was ganz wichtig ist: in der Phase der Ideensuche wird nicht bewertet. Bewertungen und das Kritisieren von Vorschlägen in der Ideen-Sammel-Phase ist das Ende jedes kreativen Fließens.

Phasen der Problemlösung

Invention		Innovation
	Problemformulierung	
	Ideen sammeln	
	Ideen bewerten	
	Ideen umsetzen	

- Problemformulierung

Die Problemdefinition am Anfang einer Kreativitätssitzung ist ein entscheidender Knackpunkt. Sie bestimmt die Denkrichtung der Gruppe während der Sitzung. Am besten ist es, das Problem als offene Frage zu formulieren. Bewährt haben sich Fragen, die mit den Fragewörtern »Wie«, »Wodurch« oder »Was« beginnen. »Wie können wir die Aufmerksamkeit unserer Kunden auf das neue Produkt lenken?«, »Wodurch können wir den Informationsfluss zwischen den Projektbeteiligten verbessern?« oder »Was können wir tun, um die Bruchrate an der Keksmaschine zu verringern?« Es lohnt sich, etwas länger über diese Problemfrage nachzudenken und sich gemeinsam auf eine Formulierung zu einigen. Wenn zum Beispiel ein Team Ideen entwickeln soll, um den Krankenstand in der Abteilung IIB zu verringern, könnte die Problemfrage »Welche Maßnahmen können wir gegen den hohen Krankenstand der Mitarbeiter ergreifen?« oder »Wie können wir unsere Mitarbeiter motivieren, gerne zur Arbeit zu kommen?« oder sogar »Was können wir zur Steigerung der Gesundheit unserer Mitarbeiter tun?« heißen. Welche Frage ist die beste? Wie Sie sehen, bestimmt die Frage wesentlich die Denkrichtung der Gruppe.

- Ideen sammeln

In dieser Phase werden Ideen und Vorschläge zur Problemlösung gesammelt. Auf vier wirkungsvolle, aber auch spaßbringende Methoden werde ich im Laufe des Kapitels noch näher eingehen. Es sollen möglichst viele und ungewöhnliche Ideen gesammelt werden. Hier sind nicht Logik und Ratio gefragt, sondern Spontaneität und Phantasie. Der Spaß, der durch eine ungewöhnliche Kreativitätsmethode im Team entstehen kann, fördert die spontanen Ideenäußerungen. Hierzu gibt es eine schöne Geschichte aus einer Pralinenfabrik: Bei der Herstellung bestimmter Pralinen wurden zur Dekoration unzerbrochene Walnusshälften benötigt. Das Problem war, dass die meisten Walnusshälften beim maschinellen Knacken kaputt gingen und nur Bruch entstand. Vielleicht kennen Sie das Problem aus Ihrer Weihnachtsbackzeit. Es wurde also ein Kreativitätsteam gebildet, das Lösungen zu diesem Problem ersinnen sollte. Die Walnusshälften sollten beim Knacken der Nüsse ganz bleiben. In dieser Sitzung wurden viele phantastische Ideen geäußert, unter anderem die, dass es wohl das Beste wäre, in der Nuss säße ein kleiner Mann, der die Nuss von innen auseinanderdrückt. Aus dieser wohl wirklich ungewöhnlichen Idee ist dann ein Verfahren entstanden, die Nüsse mit einem initiierten Druck-

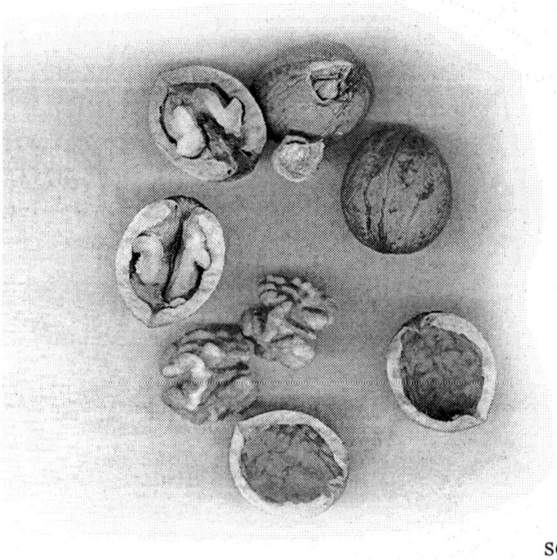

luftstrahl von innen her auseinanderzusprengen, ohne die Walnusshälften zu beschädigen. Erst der Weg über die phantasievolle Idee hat die Lösung gebracht. In einer »normalen« Besprechung hätte der Chef wahrscheinlich nur den Kommentar »Sie haben wohl noch Restalkohol« für solche Ideen übrig, und die Möglichkeit der Problemlösung wäre verloren. Kreativitätstechniken bieten die Möglichkeit, einen Raum zu schaffen, in dem Sie über ungewöhnliche Ideen zu kreativen Problemlösungen gelangen.

- Ideen bewerten und entscheiden

Nicht alle Ideen, die in der Sammelphase geäußert werden, sind auch umsetzbar oder brauchbar. Wie Sie Ideen bewerten und Entscheidungen treffen können, wird im Abschnitt Entscheidungstechnik erläutert.

- Ideen umsetzen

Soll die Idee zur Innovation, also zu einer wirklichen Erneuerung führen, muss die Idee weiterentwickelt werden. Bleibt die Problemlösung in der Ideenphase stecken, habe ich zwar eine Erfindung, eine Invention, aber noch keine Umsetzung der Idee, keine Innovation. Das Team muss Maßnahmen zur Umsetzung planen, vereinbaren und durchführen.

Spielregeln in Problemlösungsteams

Um in Gruppen kreative Lösungsansätze zu entwickeln, haben sich ein paar Spielregeln bewährt. Entwerfen Sie ein Plakat mit den Spielregeln und hängen Sie es im Arbeitsraum auf.

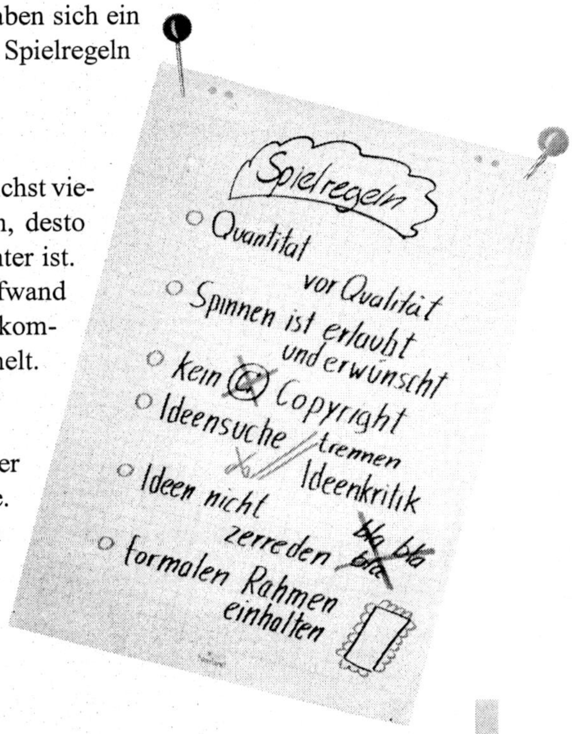

- Quantität geht vor Qualität

Bei allen Kreativitätsgruppensitzungen geht es darum, möglichst viele Ideen zu produzieren. Je mehr Ideen gefunden werden, desto größer ist die Chance, dass eine wertvolle Anregung darunter ist. Wenn bei hundert Ideen eine gute dabei ist, hat sich der Aufwand gelohnt. Wahrscheinlich wäre man nie auf diese Idee gekommen, hätte man die anderen neunundneunzig nicht gesammelt.

- Spinnen ist erlaubt und erwünscht

So genannte »wilde Gedankenflüge«, »spinnerte Ideen« oder »unsinnige Einfälle« enthalten oft wertvolle Lösungskerne. In der Ideensammlungsphase muss ein Klima geschaffen werden, in dem sich alle trauen, verrückte und ungewöhnliche Ideen zu äußern.

■ Es gibt kein »Copyright«

Es ist erwünscht, positive oder interessante Aspekte aus Lösungsideen Anderer aufzugreifen, weiterzuentwickeln und für eigene Lösungsansätze zu nutzen. Es gibt kein »Das ist meine Idee«. Es gibt nur gemeinsame Ideen der Gruppe.

■ Trennen von Ideensuche und Ideenkritik

Wir alle sind es gewohnt, neue und originelle Ideen sofort kritisch zu bewerten. Diese Kritik blockiert neue Ideenansätze. Deshalb ist es beim Einsatz von Kreativitätstechniken wichtig, bei der Ideensuche jegliche Kritik und Bewertung zu unterbinden.

■ Einfälle nicht zerreden

In der Sammelphase von Einfällen sollten Ideen nur kurz beschrieben und nicht zerredet werden. Werden Ideen breit ausgewalzt, wird der Ideenfluss gestoppt.

■ Formalen Rahmen einhalten

Die Chancen, ungewöhnliche Lösungsansätze für ein Problem zu erhalten, sind umso größer, je genauer Sie sich an den formalen Rahmen der Problemlösungstechnik halten.

Idee, vor und nach dem »Angriff« einer Killerphrase!

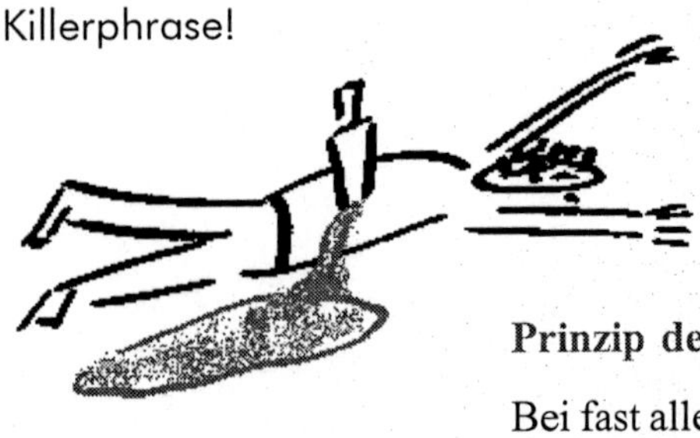

Killerphrasen verbieten

Um den Ideenfluss in einer Kreativitätssitzung nicht zu bremsen, kann es sinnvoll sein, so genannte Killerphrasen zu verbieten. Killerphrasen sind Bemerkungen, die jede neue Idee im Keim ersticken.

▬ »Daraus wird nie etwas!« ▬ »Ja, aber ...« ▬ »Das haben wir schon versucht!« ▬ »Das lässt sich bei uns nicht machen!« ▬ »Das geht nicht, weil ...« ▬ »Die Experten denken darüber ganz anders.« ▬ »Dazu ist die Zeit noch nicht reif.« ▬ »Die Praxis sieht ganz anders aus.« ▬ »Das ist viel zu teuer.« ▬ »Das muss man erst juristisch absichern.« ▬ usw.

Prinzip der Schriftlichkeit

Bei fast allen Kreativitätstechniken gilt das Prinzip der Schriftlichkeit. Das heißt, alle Ideen werden schriftlich festgehalten, damit sie nicht verloren gehen. Wichtig in dieser Phase ist, wirklich alles aufzuschreiben und nicht hier schon eine Vorauswahl oder Bewertung vorzunehmen. Das schriftliche Fixieren kann über Flipchart, Pinnwandkarten oder andere Medien erfolgen.

Brainstorming

Brainstorming bedeutet kommentarloses Sammeln von spontanen Einfällen als Lösung von Problemen. Das Brainstorming ist Grundlage einer Reihe von Methoden der kreativen Ideenfindung. Jede Brainstormingsitzung muss geplant und vorbereitet werden. Die Problemstellung darf nicht zu komplex sein. Die optimale Größe der Gruppe liegt zwischen sechs und zwölf Teilnehmern. Das Wesentliche der Methode besteht darin, dass die Teilnehmer spontan Lösungsvorschläge für das gestellte Problem nennen, die dann für die Gruppe sichtbar notiert werden. Während dieser Phase der Ideenfindung ist jegliche Kritik bzw. Bewertung der Vorschläge untersagt. Die Nennungen sollten möglichst knapp und kurz gefasst sein. Die spontane Nennung von Einfällen und Vorschlägen führt zur gegenseitigen Anregung und zur Produktion neuer Ideen, wobei die Quantität der genannten Ideen ausschlaggebend ist. Jeder Beitrag ist erwünscht und dient der Anregung der anderen Teilnehmer. Der Phantasie sind keine Grenzen gesetzt. Jede Assoziation soll genannt werden. Blödeln ist wichtig und erwünscht, Vernunft und Logik spielen keine Rolle.

Brainwriting (Methode 6-3-5)

Die Bezeichnung 6-3-5 gibt bereits die Spielregeln und Spielbedingungen an: 6 Teilnehmer schreiben in 3 vorgegebene Problemlösungsfelder je eine Idee. Für diese drei Lösungen werden maximal 5 Minuten Zeit gegeben. Die Teilnehmer erhalten ein DIN A4-Blatt mit einer vorgegebenen Spaltenaufteilung. Jeder trägt in die obersten drei waagerechten Felder eine Idee zur Lösung des Problems ein. Sind alle aus der Gruppe mit den ersten drei Ideen fertig oder ist die Fünf-Minuten-Frist abgelaufen, werden die Blätter an den linken Nachbarn weitergereicht. Jeder hat nun die Aufgabe, die bereits eingetragenen Vorschläge zu lesen und daraus Ideen weiterzuentwickeln, zu verändern oder völlig neue zu ersinnen. Diese neuen oder weiterentwickelten Ideen werden in die drei darunter liegenden waagerechten Spalten eingetragen. So geht es weiter, bis das Blatt voll ist. Es müssen nicht unbedingt alle drei Felder ausgefüllt werden. Doch es gilt: Jede Idee, sei sie noch so verrückt, ist

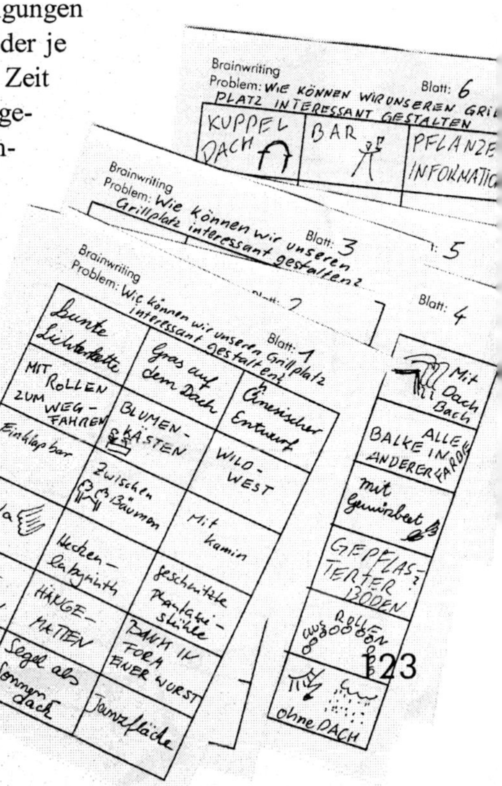

es wert, festgehalten zu werden. Während dieser Phase der Ideensammlung sollten die Teilnehmer nicht miteinander sprechen. So entstehen 108 schriftlich festgehaltene Lösungsansätze.

Kopfstandtechnik

Die Kopfstandtechnik wird auch als Umkehrmethode, Reversion oder Dialektik bezeichnet. Alle Bezeichnungen weisen auf das Wesentliche des Vorgehens hin, nämlich auf einen bewusst herbeigeführten Rollentausch, der den Blick auf die Problemstellung verändert. Diese Methode eignet sich hervorragend, um Dinge bewusst zu machen. Wenn sich zum Beispiel das Problem stellt, dass beim Transport häufig Sachen beschädigt werden, dann wäre die Problemstellung bei der Kopfstandmethode nicht »Wie können wir die Beschädigungen während des Transportes vermeiden?«, sondern »Was können wir tun, damit alle Sachen nur noch total kaputt und beschädigt bei den Kunden ankommen?« Natürlich bringen die »Kopfstandideen« nicht die Lösung für das eigentliche Problem. Häufig lassen sich aber durch die Umkehrung der gesammelten Ideen neue Lösungsansätze entwickeln.

Morphologischer Kasten

Beim morphologischen Kasten wird das Problem in verschiedene Parameter oder Teilprobleme zerlegt. Es werden bekannte Teillösungen für die einzelnen Parameter gesucht. Waagerecht werden die Teillösungen einge-

Parameter ▼	▶ Variablen der Parameter					
Titelfigur	Inspektor	Arzt	FBI-Agent	Prostituierte	Astronaut	Säufer
Handlungsort	Schloss	New York	Ägypten	Berlin	Altersheim	Raumschiff
Mörder	Killer	Erbe	FBI-Agent	Filmdiva	Neffe	Polizist
Opfer	Millionär	Pfarrer	Ehefrau Ehemann	Politiker	Bankier	Spion
Motiv	Eifersucht	Rache	Geldgier	Raub	Lustmord	Unbeabsichtigt
Todesursache	Ertränken	Erschießen	Erhängen	Autounfall	Gift	Erschlagen
Aufgeklärt durch	Zufall	Haustier	Tagebuchnotizen	Zeuge	alte Oma	Selbstanzeige
Am Ende	Freispruch	Ungeklärt	Elektrischer Stuhl	Gefängnis	Selbstmord	Erschossen

tragen, senkrecht die Parameter bzw. Teilprobleme. Durch den matritzenhaften Aufbau können verschiedene Teillösungen gut kombiniert werden, um zu neuen Gesamtlösungen zu kommen.

Im nebenstehenden Beispiel benutzt eine Kriminalautorin einen morphologischen Kasten, um durch unterschiedliche Kombinationen Handlungszusammenhänge in ihren Krimis zu erfinden.

Natürlich lassen sich mit dem morphologischen Kasten nicht nur Krimis schreiben. Andere Einsatzmöglichkeiten sind zum Beispiel: Enwurf einer Anzeige mit den Parametern Schriftart, Schriftgröße, Farben, Bilder... oder Entwicklung einer Maschine, bei der Antriebsart, Material, Verbrauchsstoff und Schmiermittel mit unterschiedlichen Variablen kombiniert werden.

Anwendung der Kreativitätstechniken

Die Anwendbarkeit der Kreativitätstechniken hängt von vielen Faktoren ab. Probleme, die mit Kreativitätstechniken gelöst werden, sollten nicht zu einfach, aber auch nicht zu komplex sein. Bei umfangreichen Problemen bietet es sich an, das Problem in kleinere Einzelprobleme aufzuteilen. Als Regel gilt: Je komplexer das Problem, je allgemeiner die Lösungsansätze. Versuchen Sie in solchen Fällen, das Problem in Teilprobleme zu zergliedern oder für zu allgemeine Lösungen ein getrenntes »Konkretisierungs-Brainstorming« durchzuführen. Hier könnte die Frage lauten: »Wie können wir diesen Lösungsansatz konkret in unserem Bereich umsetzen?«

Entscheidungstechniken

»Sind Sie entscheidungsfreudig?« - »Weiß nicht.« In Projekten müssen viele Entscheidungen getroffen werden. Manche alleine von der Projektleitung oder den Projektbeteiligten, andere im Team oder von der gesamten Projektgruppe. Einige Entscheidungen fallen leicht und andere sehr schwer. Die Suche nach einer völlig objektiven Entscheidungsmethode ist meist Illusion. Natürlich sollten vor jeder Entscheidung Informationen gesammelt oder bewusst gemacht werden. Man kann sich aber auch vor Entscheidungen drücken, indem man immer wieder sagt: »Wir haben noch nicht genügend Informationen.« Man hat nie »alle« Informationen, kann also Entscheidungen ewig vor sich her schieben, wenn man Angst vor der Entscheidung hat. Entscheidungen wie »Welche Idee gefällt Ihnen am besten?« oder »Welchen Vorschlag halten Sie für am besten zu realisieren?« lassen sich nicht durch Abmessen mit dem Zollstock bestimmen. Es sind Meinungen, Gefühle und Stimmungen. Die in diesem Kapitel vorgestellten Entscheidungstechniken können Ihnen helfen, Entscheidungen im Team oder alleine zu treffen.

Ideenprotokoll

Das Ideenprotokoll dient dazu, Überblick in eine Vielzahl von Vorschlägen und Ideen zu bringen. Wenn bei einem Brainstorming eine Reihe von Ideen gesammelt wurde, lässt sich mit einer Einteilung der Ideen in vier Kategorien schnell entscheiden, welche Ideen umgesetzt werden können und welche noch bearbeitet werden müssen. Die vier Kategorien sind:

- heiße Ideen — sofort realisierbare Ideen
- warme Ideen — später zu realisierende Ideen
- lauwarme Ideen — bearbeitungswerte Ideen, die weiterer Überlegung bedürfen
- kalte Ideen — (noch) nicht realisierbare Ideen

Rosinenkonzept

$5 + 7 = 12$

$6 - 4 = 2$

$19 - 5 = 12$

$15 + 1 = 16$

Schauen Sie mal die nebenstehenden vier Rechnungen an. Was fällt Ihnen auf?

Wenn Sie jetzt denken »Die dritte Aufgabe ist falsch«, dann ist das eine typische menschliche Reaktion. Man schaut zuerst auf die Fehler, auf das »Schlechte«. Wenn Sie gedacht haben »Drei Aufgaben sind richtig«, sind Sie eine echte Ausnahme.

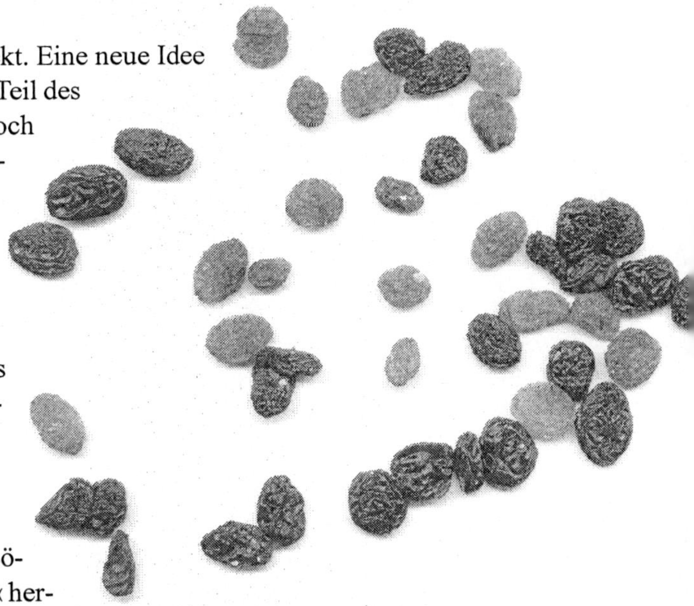

Man spricht auch vom so genannten Eisberg-Effekt. Eine neue Idee hat meist einen großen positiven Anteil - größerer Teil des Eisberges unter Wasser - und einen kleineren, noch nicht so positiven Anteil - kleinerer Teil des Eisberges über Wasser. Die häufigste Reaktion ist, sich auf den kleineren negativen Anteil der Idee zu stürzen: »Wann funktioniert die Idee nicht?«, »Unter welchen extremen Bedingungen geht etwas schief?«, »Wo ist der Haken oder Schwachpunkt an der Sache?«, anstatt zu überlegen: »Was ist gut an der Idee?« und »Wie können wir eventuelle Schwächen vermeiden?«

Beim Rosinenkonzept wird jeder Lösungsvorschlag in positive und negative Aspekte zerlegt. Zuerst überlegen alle: »Was ist gut an diesem Lösungsvorschlag?« Es werden zuerst die »Rosinen« herausgepickt. Oft ist es überraschend, wie viele positive Aspekte in einer Idee gefunden werden, die sonst verloren gegangen wären. Hilfreich kann der Entwurf einer Tabelle sein, in der zuerst die positiven und dann die weniger guten Aspekte der Idee aufgelistet werden. Wichtig ist, zuerst ganz bewusst die positiven Aspekte der Idee zu sammeln.

Ideenbewertung

Sicher gibt es nicht die Lösung, mit der alle Beteiligten hundertprozentig zufrieden sind. Wenn verschiedene Ideen oder Lösungen zur Auswahl stehen und Sie wissen möchten, wie die einzelnen Ideen von der Gruppe gesehen werden, gibt es die Möglichkeit, jeden Lösungsvorschlag zu werten. Hierfür bekommen die Gruppenmitglieder pro Idee oder Lösungsvorschlag einen Klebepunkt und können die Ideen auf einer Skala bewerten. Die Planungsgruppe »Abschlussfeier« hat nach der Sammlung von Programmpunkten eine Ideenbewertung durchgeführt. So lässt sich gleich sehen, welche Stimmung zu einzelnen Programmpunkten in der Gruppe vorherrscht.

Bei der Ideenbewertung bekommt jedes Teammitglied einen Punkt pro Idee, um jede Idee einzeln werten zu können.

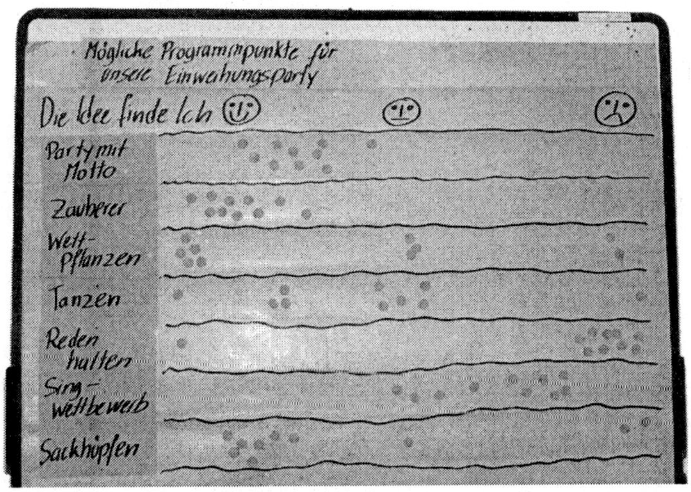

Mehrpunktfrage

Bei dieser Technik entsteht eine Rangfolge von Ideen oder Lösungen, die Grundlage einer Entscheidung werden kann. Bei der Mehrpunktfrage brauchen sich die Teilnehmer nicht für eine Idee zu entscheiden, sondern können Prioritäten vergeben. Sie können entscheiden, welche Idee ihnen am besten, am zweitbesten und am drittbesten gefällt. Auch zwei Themen dieselbe Priorität zu geben ist möglich. Für diese Entscheidung bekommen die Teilnehmer mehrere Klebepunkte, die sie für die Ideen vergeben können. Wichtig ist hier, dass Sie die Fragestellung, nach der die Teilnehmer die Punkte verteilen sollen, klar darstellen. Für die Anzahl der Punkte, die jeder Teilnehmer zur Verteilung erhält, hat sich folgende Faustformel bewährt: »Halb so viele Klebepunkte, wie Ideen oder Lösungsvorschläge zur Auswahl stehen.« Bei dieser Klebepunktanzahl entsteht meist eine klare Reihenfolge oder Gewichtung. Wenn ein Teilnehmer alle seine Punkte für ein Thema vergibt, kann er das Ergebnis stark beeinflussen. Um so etwas zu verhindern, ist es ratsam, dass Sie eine Gewichtungsregel vorgeben. Das heißt, jeder Teilnehmer kann auf eine Idee eine maximale Klebepunktzahl vergeben. Bewährt hat sich die Regel: »Maximal zwei oder drei Punkte pro Idee oder Lösungsvorschlag.« Jeder Teilnehmer hat bei der Mehrpunktfrage die Möglichkeit, die Punkte nach seinen Prioritäten zu verteilen.

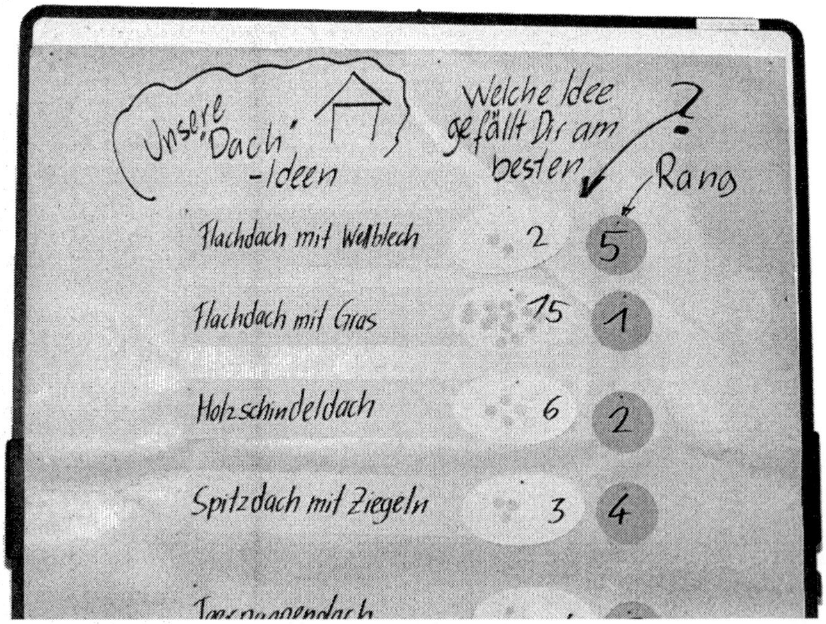

Bei der Mehrpunktfrage bekommt jedes Teammitglied mehrere Punkte, um eine Rangfolge zu bestimmen.

Auch die Planungsgruppe aus dem Schrebergartenverein hat diese Technik bei der Dachentscheidung eingesetzt, um festzustellen, welche Dachidee von den meisten favorisiert wird. Jeder aus der Gruppe hat vier Klebepunkte erhalten.

Entscheidungsmatrix

Das Hauptproblem bei Entscheidungen ist, wirklich nach rein sachlichen Kriterien zu entscheiden oder klar die emotionalen und sachlichen Anteile auseinanderzuhalten. Sind verschiedene Lösungen gegeneinander abzuwägen, so kann eine Entscheidungsmatrix hilfreich sein. Dort werden alle Lösungsansätze aufgeführt. Dann werden die Muss-Kriterien festgelegt. Muss-Kriterien können nur erfüllt oder nicht erfüllt sein. Die Nichterfüllung eines Muss-Kriteriums führt in der Regel zum Ausschluss der Lösungsidee. Dann folgen die Wunsch-Kriterien. Diese können auch teilweise erfüllt sein. Jedes Wunsch-Kriterium wird nun nach einer einheitlichen Methode gewichtet. Zum Beispiel: »ganz wichtiges Kriterium« entspricht zehn Punkten und »mittelwichtiges Kriterium« entspricht fünf Punkten. Dann wird jedes Wunsch-Kriterium bezüglich jeder Lösung einzeln benotet. Das heißt, Sie benoten, wie gut das Wunsch-Kriterium von jeder Lösung erfüllt wird. Auch hier können Sie beispielsweise auf einer Skala von null Punkten - Kriterium wird überhaupt nicht erfüllt - bis zehn Punkten - Kriterium wird hundertprozentig erfüllt - werten. Schließlich werden die Gewichtung und die Benotung zu einem Wert multipliziert. Für jede Lösung werden die Werte addiert. Die Lösung mit dem höchsten Gesammt-Wert bringt bezüglich der Kriterien die meisten Vorteile. Sie sollten sich aber nicht zum »Entscheidungssklaven« der Matrix machen. Wenn Sie nach dem Auszählen zu einem Ergebnis kommen, bei dem Sie sich nicht wohl fühlen, sollten Sie die Matrix nochmals überdenken.

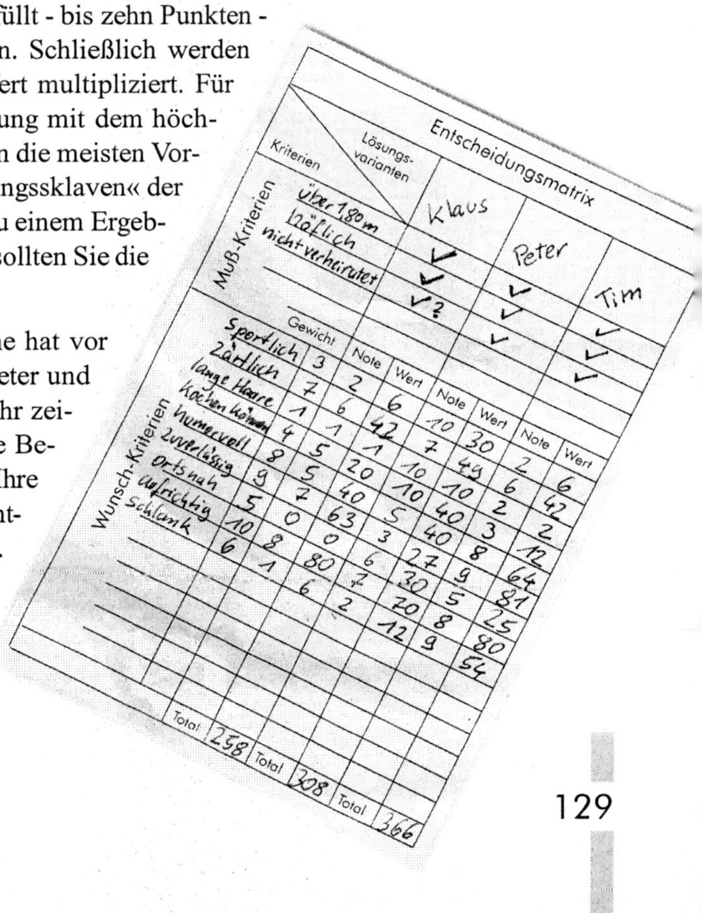

Ein Beispiel macht die Methode deutlich. Sabine hat vor vier Wochen in der Disko drei Männer, Klaus, Peter und Tim, kennen gelernt, die alle reges Interesse an ihr zeigen. Sabine möchte gerne mit einem eine engere Beziehung wagen. Sie ist nur total unentschlossen. Ihre Freundin Birgit will ihr mit der Aufstellung einer Entscheidungsmatrix die Entscheidung erleichtern. Zuerst werden die Muss-Kriterien festgelegt: »über 180 groß«, »höflich« und »nicht verheiratet«. Danach die Wunsch-Kriterien: »sportlich«, »zärtlich«, »lange Haare«, »kochen können«, »humorvoll«, »zuverlässig«, »ortsnah«, »aufrichtig« und »schlank«. Das Wunschkriterium »humorvoll« ist Sabine wichtiger als »sportlich«, bekommt somit mehr Gewichtungspunkte. Peter kann besser kochen als Tim, bekommt hier dadurch mehr Punkte bei der Note. Zum Schluss schneidet Tim aber dennoch am besten ab und wird noch am selben Abend von Sabine zum Essen eingeladen.

Eine Entscheidungsmatrix können Sie beispielweise einsetzen, um sich die Entscheidung zwischen verschiedenen Angeboten für eine Maschine, Gestaltungsvarianten eines Gartens, Versionen einer Softwarelösung oder Mitarbeiterbewerbungen zu erleichtern.

Risikoanalyse

Sie können Ihre Entscheidungen einer einfachen Risikoanalyse unterziehen. Damit können Sie herausfinden, ob die Lösung ein nicht tragbares Risiko in sich birgt. Dazu schreiben Sie für jede Variante die vermeintlichen Risiken auf. Die folgenden Fragen können dabei hilfreich sein:

- Welche Risiken könnten auftreten?
- Was könnte schief gehen?
- Was wäre die Folge eines Scheiterns?
- Was ist das größte anzunehmende Risiko?
- Wie groß ist die Wahrscheinlichkeit, dass es eintritt?

Keine Entscheidung ist ohne Risiko. Das Ergebnis der Risikoanalyse kann deshalb nicht sein, alle Entscheidungen mit Risiko zu umgehen. Möglich ist, dass die Lösung, die das höchste Risiko birgt, die beste und erfolgreichste Idee ist. Die Frage »Was könnte alles schiefgehen?« darf nicht zu untätiger Starre führen. Ziel der Risikonanalyse ist es, Risiken bewusst zu machen und Maßnahmen zu planen, um bei optimaler Entscheidung das Risiko zu minimieren.

Projektmeetings

Die Projektgruppe »Ratio« trifft sich jeden Donnerstag zwischen 17.00 Uhr und 18.00 Uhr im Büro von Herrn Strauß. Das Ende des Treffens ist meist offen, aber vier bis fünf Stunden Zeit sollten die Teammitglieder schon mitbringen. Es ist auch unklar, wer kommt, denn keiner erhält eine Einladung, aber eigentlich sollen immer alle zweiunddreißig Mitglieder der Projektgruppe anwesend sein. Schließlich müssen alle die Details der anderen Arbeitsgruppen mitbekommen. Die Telefonnummer von Herrn Strauß' Büro ist allgemein bekannt, so dass die Anwesenden während des Meetings jederzeit erreichbar sind. Herr Strauß beginnt die Sitzung immer mit den Worten: »Was liegt denn heute so an?« und irgendein Problem wird dann langatmig zerredet. Wenn alle müde sind, löst sich das Zusammentreffen langsam auf, indem sich die Anwesenden nach und nach verabschieden. Was ist eigentlich die Aufgabe der Projektgruppe? Herr Strauß zuckt mit den Schultern und murmelt etwas von »Effizienter-Machen von Arbeitsabläufen«.

Haben Sie schon die eine oder andere Zusammenkunft erlebt, wo es so zuging? Die nachfolgenden Tipps sollen Ihnen helfen, die nächsten Besprechungen und Meetings rationeller zu gestalten.

Vor dem Meeting

- Meeting nötig?

Prüfen Sie, ob die Besprechung überhaupt nötig ist. Motto: »Die effizientesten Besprechungen sind diejenigen, welche erst gar nicht stattfinden müssen.« Vorteile von regelmäßigen Treffen sind, dass die Teilnehmer zusammenkommen und sich austauschen können. Der Nachteil ist, dass man zusammenkommt, auch wenn nichts anliegt. Auch regelmäßige Treffen, wie zum Beispiel das obligatorische Montagsmeeting, müssen vorbereitet werden. Wenn es nichts zu besprechen gibt, haben Sie den Mut, das Treffen ausfallen zu lassen.

- Gibt es Alternativen?

»Wenn ich mal nicht weiter weiß, bild' ich einen Arbeitskreis.« Meetings sollten nicht aus Bequemlichkeit oder aus Angst vor Entscheidungen stattfinden. Nicht immer ist eine Besprechung die effizienteste Art, ein Problem zu lösen. Die Frage muss lauten: »Welches ist die effizienteste Möglichkeit, das Thema zu bearbeiten?« Alternativen zu einer Sitzung sind: Einzelentscheidung, Telefon- oder Videokonferenz, schriftlicher Austausch oder Kurztreffen im Stehen.

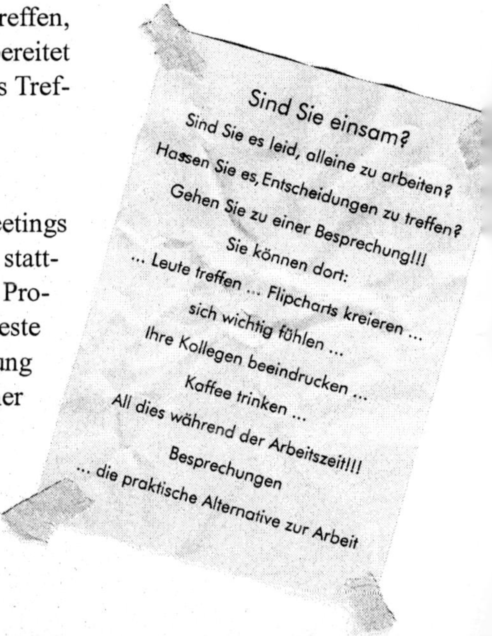

- Müssen Sie überhaupt teilnehmen?

Müssen Sie überall dabei sein? Reicht es nicht, wenn Sie hinterher informiert werden oder die Entscheidungen ganz delegieren? Wenn Sie teilnehmen müssen, versuchen Sie, die Dauer Ihrer Teilnahme auf die Zeit zu beschränken, in der Ihr Beitrag gebraucht wird. Wer sagt denn, dass Sie die ganze Zeit dabei sein müssen? Haben Sie den Mut zu gehen, wenn Sie Ihren Beitrag geleistet haben.

- Geringe Teilnehmerzahl

Hier gilt die Regel, so wenig wie möglich, so viel wie nötig. Haben Sie schon einmal Besprechungen mit dreißig Teilnehmern erlebt? Das kann nicht effizient sein. So werden immer Dinge besprochen, von denen nur ein Teil der Anwesenden betroffen ist. Hier lieber die Gruppe teilen und eine größere Teilnehmerzahl höchstens bei Informationspräsentationen einladen.

- Geeigneter Zeitpunkt und Raum

Zum gewählten Besprechungszeitpunkt sollten die Teilnehmer wach und vom Tagesgeschäft unbelastet sein. Also nicht direkt nach der Mittagspause oder am Montag Vormittag, wenn die meisten Anrufe kommen, eine Besprechung ansetzen. Der Raum sollte ausreichend groß sein und die Möglichkeit bieten, ungestört zu arbeiten.

- Visualisierungstechniken

Planen Sie für Ihre Meetings Visualisierungstechniken ein. Das heißt, Overhead, Flipchart, Pinnwand und Moderationsmaterial sollten im Raum vorhanden sein.

- Tagesordnung

Wenn die Inhalte schon feststehen, sollten Sie eine Tagesordnung vorbereiten mit Themen, Zielen und der Vorgabe, wie viel Zeit mit den einzelnen Punkten verbracht werden soll. Visualisieren Sie diese Tagesordnung auf einem Flipchart, an der Pinnwand oder mit einer Folie, damit alle Teilnehmer im wahrsten Sinne des Wortes den Überblick haben.

- Einladungen

Versenden Sie Einladungen mindestens eine Woche vorher mit Teilnehmerliste, Zielen und Tagesordnung. Hierin teilen Sie den Teilnehmern auch mit, was sie vorbereiten sollen und welche Unterlagen benötigt werden.

Während des Meetings

- Struktur

Geben Sie Ihren Besprechungen eine Struktur. Damit haben Sie es leichter, die Konzentration aller Teilnehmer auf das aktuelle Thema zu fokussieren. Sie schweifen dann nicht so leicht ab und verzetteln sich nicht.

- Einstieg

In der Einstiegsphase begrüßen Sie die Anwesenden und führen an das Besprechungsthema heran. Hier sollen eine angenehme Arbeitsatmosphäre entstehen und die Beteiligten auf die Inhalte eingestimmt werden.

- Themen, Ziele, Reihenfolge, Bearbeitungsdauer

Der nächste Schritt ist, die Themen mit Zielen, die Reihenfolge der Themen und die Zeitdauer der Themenbearbeitung vorzustellen oder gemeinsam festzulegen. Hüten Sie sich vor dem Tagesordnungspunkt »Sonstiges«, in dem manchmal die schwierigsten Probleme zusammengeworfen werden. Der Punkt »Sonstiges« sollte wirklich nur sehr kleine Informationen oder völlig problemlose Entscheidungen beinhalten.

- Themen bearbeiten, Ergebnisse festhalten

Nach jeder Themenbearbeitung werden die Ergebnisse schriftlich festgehalten. Geht es um die Bearbeitung von Maßnahmen, hat sich der folgende

Aufbau eines Maßnahmenkataloges bewährt: »Maßnahme - Ziel der Maßnahme - wer führt die Maßnahme durch - bis wann erledigt«.

- Abschluss

In der Abschlussphase lohnt sich eine kurze Reflexion: »Was war gut und was sollte wie verbessert werden?« Schließen Sie die Sitzung mit einem positiven, auf die Zukunft bezogenen Grundton und einer freundlichen Verabschiedung.

- Pünktlich beginnen

Auch wenn es bei der ersten Sitzung noch nicht klappt, dass alle Teilnehmer pünktlich erscheinen, kann ein konsequentes »Anfangen zur geplanten Zeit« den Effekt erzeugen, dass bei den nächsten Treffen die Teilnehmer pünktlich erscheinen. Wer will schon gerne etwas verpassen?

- Spielregeln

Wenn alles klappt und die Kommunikation gut läuft, verzichten Sie auf Regeln. Zur Verbesserung der Gesprächskultur ist es aber manchmal nötig, Spielregeln, Verhaltensregeln oder Leitlinien für den Umgang miteinander zu vereinbaren. Zeitweise helfen so grundlegende Vereinbarungen wie »Den Anderen ausreden lassen«, »Kurze Redebeiträge oder pro Redebeitrag maximal 30 Sekunden«, »Sachlich argumentieren« und »Alle Beiträge visualisieren«. Wenn Sie sich auf Spielregeln geeinigt haben, ist es hilfreich, die Vereinbarungen auf einem Plakat zu visualisieren und im Besprechungsraum aufzuhängen.

- Protokoll

Ergebnisse müssen aufgeschrieben und visualisiert werden: »Gesagt und vergessen, aufgeschrieben und festgehalten.« Als Form reicht meist ein Ergebnisprotokoll. Wenn Sie während der Sitzung mit Visualisierungstechniken gearbeitet haben, können Sie die Flipchart- und Pinnwandergebnisse auch abfotografieren und ein Fotoprotokoll erstellen.

- Pünktlich schließen

Genauso, wie Sie pünktlich beginnen, so schließen Sie auch pünktlich die Sitzung. Wenn es noch unerledigte Punkte gibt, verteilen Sie lieber Einzelaufgaben zur Vorbereitung und vereinbaren einen neuen Termin.

Nach dem Meeting

- Protokoll verschicken

Fertigen Sie ein Protokoll an und verschicken dieses spätestens 24 bis maximal 48 Stunden nach der Besprechung. Machen Sie ein kurzes, überschaubares Protokoll. In den meisten Fällen reicht ein Ergebnisprotokoll völlig aus. Der schlimmste Fehler nach Sitzungen ist gar kein Protokoll, der zweitschlimmste ein schlechtes.

- Maßnahmen erledigen

Mit der Besprechung sind die Maßnahmen noch nicht erledigt. Nach dem Treffen müssen die Dinge auch umgesetzt werden. Vereinbaren Sie während der Sitzung, wer wen bis wann informiert oder kontrolliert und halten Sie sich daran.

10

Schlussprojekt

Hier können Sie teilnehmen

10 Schlussprojekt

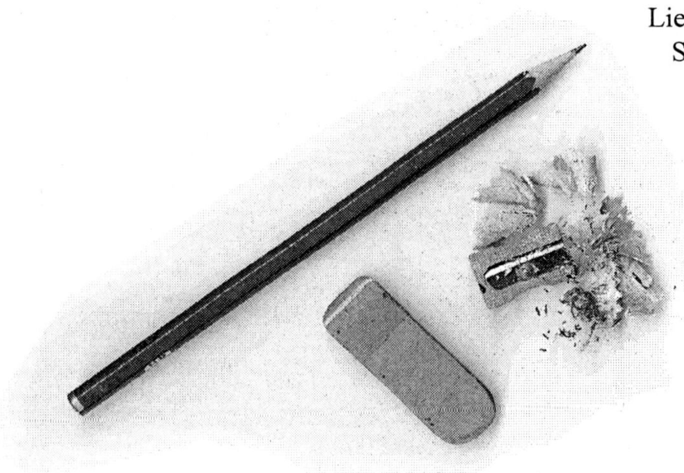

Liebe Leserinnen und Leser, ich begrüße Sie zum Schlussprojekt. Sie haben jetzt die Gelegenheit, aktiv und live bei einer kleinen »Projektarbeit« dabei zu sein. Ziel dieses Projektes ist es, einen Eindruck zu bekommen, wie Ihnen dieses Buch gefällt. Ich möchte Ihre Anregungen aufnehmen und, wenn möglich, in den nächsten Auflagen umsetzen. Natürlich nehme ich auch Lob entgegen. Ich lade Sie zu einer Projektmitarbeit ein. Bitte nehmen Sie sich dafür etwas Zeit und einen Stift zur Hand.

Stich-Seiten-Linie (Soll-Wert)

Seiten-Erfüllungs-Linie (Ist-Wert)

Deckung von Stich-Seiten- und Seiten-Erfüllungslinie (Ist-Wert = Soll-Wert)

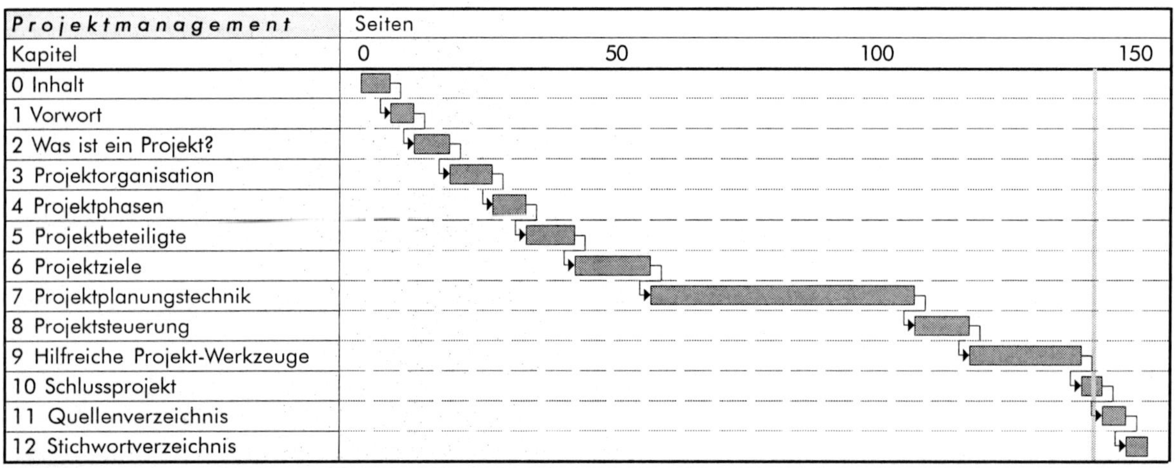

Stich-Seiten-Kontrolle

Zuerst möchte ich mit Ihnen eine »Stich-Seiten-Kontrolle« durchführen, um Ihren Lesefortschritt festzustellen. Auf der vorhergehenden Seite finden Sie ein »Kapitel-Seiten-Balkendiagramm«, in dem eine Stich-Seiten-Linie eingezeichnet ist. Soll-Zustand der gelesenen Seiten bis hierhin ist: Kapitel 10 Schlussprojekt dreißig Prozent. Bitte markieren Sie Ihre »Seiten-Erfüllungs-Linie« für jedes Kapitel. Wie viel haben Sie von jedem Kapitel gelesen?

Ideenbewertung

Als nächstes bitte ich Sie, die folgenden Kriterien mit einem Punkt in der Form einer Ideenbewertung zu beurteilen. Markieren Sie bitte auf der »Pinnwand« mit einem Punkt Ihre Einschätzung. Für jedes Kriterium können Sie in einer Zeile Ihre Wertung abgeben.

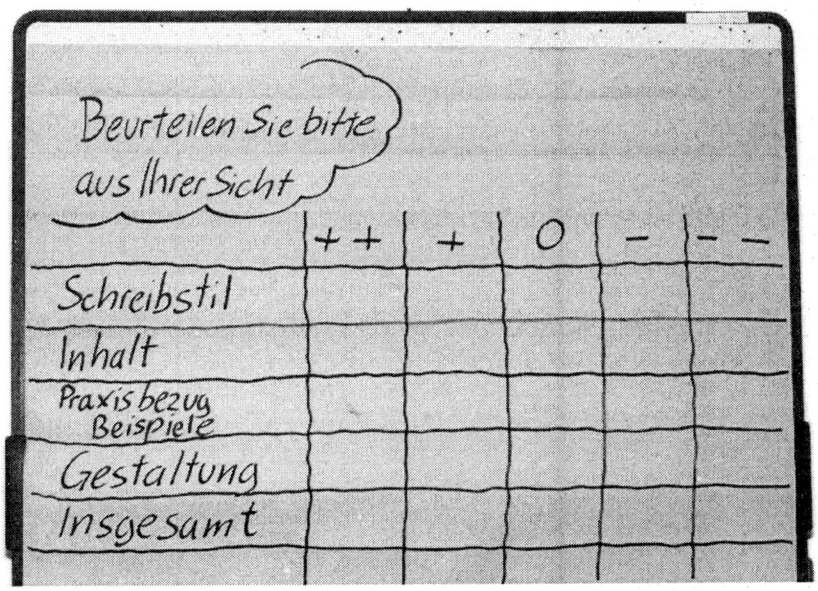

Buch-Lese-Review

Auf der nächsten Seite finden Sie eine »Buch-Lese-Review«. Bitte schreiben Sie Ihre Anregungen in die Kästchen neben den Fragen.

Buch-Lese-Review

Was hat Ihnen gut gefallen?	
Was sollte verbessert werden (wenn möglich mit konkreten Vorschlägen)?	
Was ist zu ausführlich beschrieben?	
Was sollte näher beschrieben oder als Thema aufgenommen werden?	
Was möchten Sie noch anmerken?	

Projektorganisation

Ich danke Ihnen recht herzlich für Ihre Beteiligung. Bitte kopieren Sie jetzt die von Ihnen bearbeiteten Seiten und schicken Sie diese an die im Einband aufgeführte Verlagsadresse. Sie können Ihre Arbeitsergebnisse sowohl anonym als auch mit Angabe Ihrer Adresse einsenden. Falls Sie Ihren Absender angeben, bekommen Sie ein kleines Dankeschön für Ihre Mühe von mir zugesandt. Bitte füllen Sie dafür nachfolgende »Projektorganisation« aus.

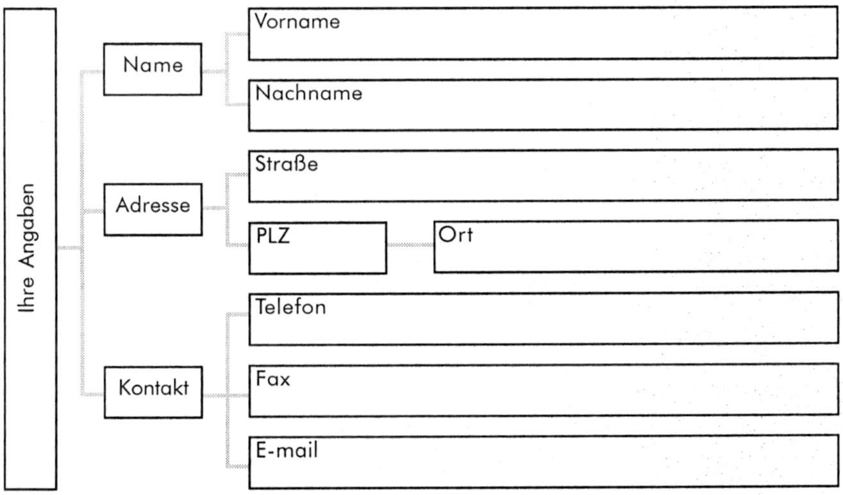

Nochmals vielen Dank für Ihre Beteiligung am »Schlussprojekt«. Ich wünsche Ihnen viel Spaß und Erfolg bei Ihren Projekten.

Gert Schilling

11

Quellennachweis

Literaturtipps

11 Quellennachweis

Boy J. / Dudek C. / Kuschel S., **Projektmanagement**. Gabal Verlag, Bremen

Füssli O., **Strategisches Projektmanagement**. Füssli Verlag, Köln

Kraus G. / Westermann R., **Projektmanagement mit System**. Gabler Verlag, Wiesbaden

Legner P. / Müller C. / Rydzewski S. / Thomsen H., **Beteiligung durch Projektarbeit**. Bund-Verlag, Köln

Litke H., **Projektmanagement**. Hanser Verlag, München

Mehrmann E. / Wirtz T., **Effizientes Projektmanagement**. Econ Verlag, Düsseldorf

Mees J. / Oefner-Py S. / Sünnemann K. O., **Projektmanagement in neuer Dimension**. Gabler Verlag, Wiesbaden

Rinza P., **Projektmanagement**. Springer Verlag, Berlin

Schilling G., **Angewandte Rhetorik und Präsentationstechnik**. Schilling Verlag, Berlin

Schilling G., **Moderation von Gruppen**. Schilling Verlag, Berlin

12

Stichwortverzeichnis

Hier finden Sie´s

12 Stichwortverzeichnis

A

B

C

D

E

F

G

H

I

K

L

M

N

P

R

S

T

U

V

W

Z

Die Serie »Der Praxisleitfaden ...«

- Angewandte Rhetorik und Präsentationstechnik
- Präsentieren mit Laptop und Beamer
- Verkaufstraining
- Zeitmanagement
- Projektmanagement
- Moderation von Gruppen

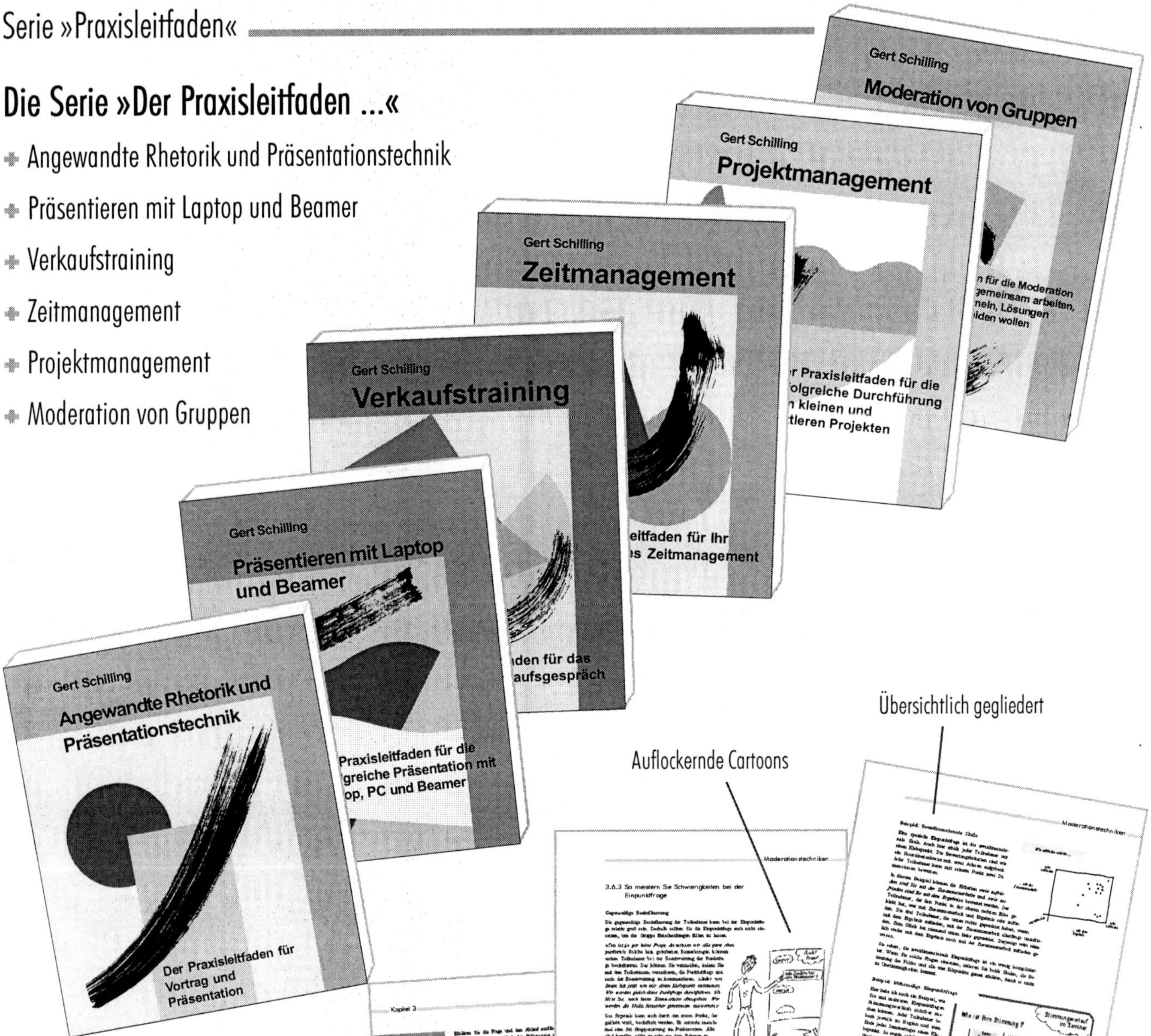

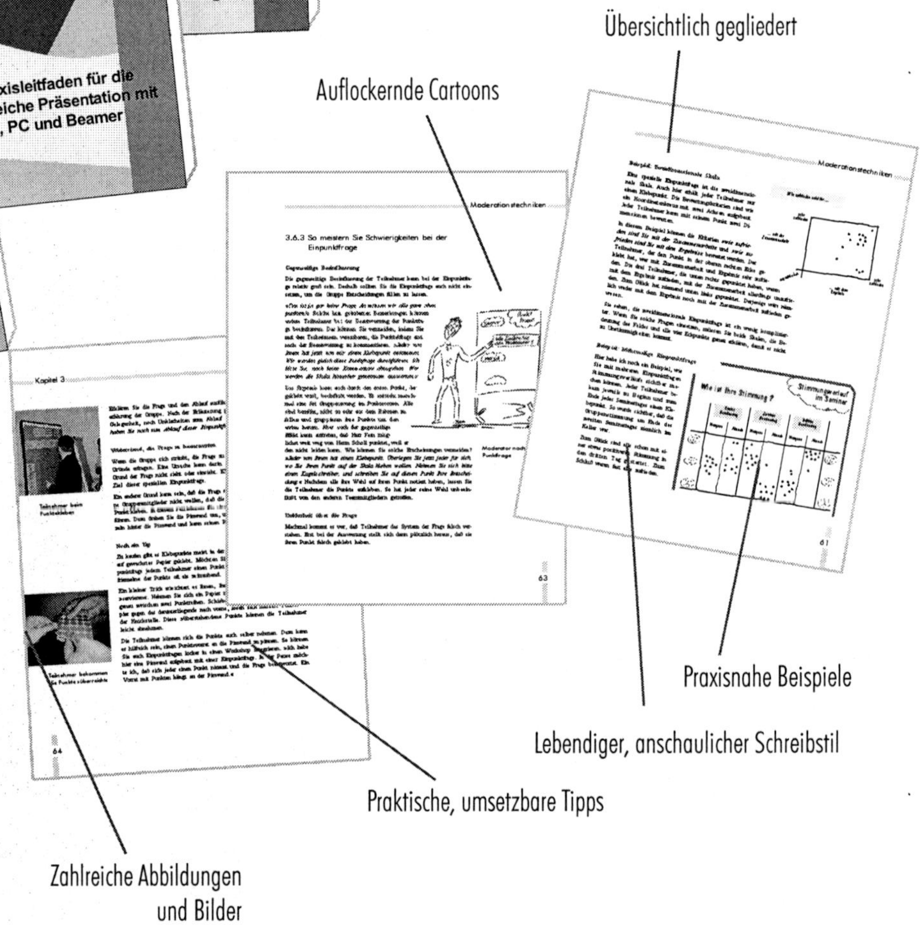

Die Serie »Der Praxisleitfaden ...« zeichnet sich durch einen lebendigen, beispielhaften und praxisnahen Schreibstil aus. Die Themen sind systematisch und überschaubar gegliedert. Alle Inhalte werden durch zahlreiche Bilder, Grafiken und Illustrationen verdeutlicht.

Es macht Spass zu lesen.

Buch

Angewandte Rhetorik und Präsentationstechnik

Der Praxisleitfaden für Vortrag und Präsentation

Wollen Sie Ihre Vortragsqualität verbessern? Wollen Sie zielgerichtet präsentieren und teilnehmerbezogen vortragen? Wollen Sie die Aufmerksamkeit Ihrer Teilnehmer wecken und als Referent in Erinnerung bleiben? Wollen Sie Medien sinnvoll einsetzen und Zahlen in überschaubaren Graphiken darstellen? Wollen Sie mit schwierigen Situationen und schwierigen Teilnehmern besser umgehen? Wollen Sie mit Ihrer Präsentation die Teilnehmer überzeugen? Wollen Sie eine Diskussion anregen, leiten und beenden können? Mit diesem Buch erhalten Sie eine systematische Beschreibung der Vortrags- und Präsentationstechniken mit Tipps für Ihre Präsentationspraxis.

Zum Buch im Internet: www.schilling-verlag.de
Cartoons zum Thema Vortrag und Präsentation

Gert Schilling / 19,-Euro / 21x25 cm / 145 Seiten / zahlreiche Abbildungen / ISBN 3-930816-58-X

OH Zeiger

Overhead-Zeigestäbe

Der Aufmerksamkeitswecker für Ihre Präsentation

Bei einer Präsentation wollen Sie die Aufmerksamkeit Ihrer Teilnehmer auf einen bestimmtea Punkt Ihrer Overheadfolie lenken? Es gibt jetzt verschiedene Möglichkeiten für Sie:

1. Möglichkeit: Sie zeigen etwas an der Projektionswand und verdecken mit Ihrer akrobatischen Übung die halbe Darstellung.

2. Möglichkeit: Sie zeigen mit dem Finger kurz auf die Folie, und Ihre Teilnehmer sehen einen Schatten über die Darstellung huschen (Batman-Effekt).

oder:

Sie haben einen **Overhead-Zeigestab**. Den können Sie auf der Folie ablegen, und die Aufmerksamkeit Ihrer Teilnehmer ist die ganze Zeit auf den Punkt gerichtet, welchen Sie gerade erläutern. Sie können vom Overheadprojektor zurücktreten, sind in Haltung und Gestik nicht behindert und geben den Blick auf Ihre Darstellung frei.

Overhead-Zeigestab »Hand«

✚ Material: Plexi farbig/ fluoreszierend / durchscheinend ✚ Maße: ca. 17 cm lang / 3 mm dick ✚ Farbe: rot ✚ Preis: Stück 5,- Euro / 5 Stück 20,- Euro
✚ Inklusive zwölfseitigem Heft »So setzen Sie den Overhead-Zeigestab wirkungsvoll ein« und »Tipps zur Foliengestaltung«

Overhead-Zeigestab »Pfeil«

✚ Material: Plexi farbig / fluoreszierend / durchscheinend ✚ Maße: ca. 14 cm lang / Vierkantstab 10x10 mm ✚ Farben: rot / grün / gelb / blau ✚ Preis: Stück 7,50 Euro / 5 Stück 30,- Euro ✚ Inklusive zwölfseitigem Heft »So setzen Sie den Overhead-Zeigestab wirkungsvoll ein« und »Tipps zur Foliengestaltung«

Präsentieren mit Laptop und Beamer

Der Praxisleitfaden für die erfolgreiche Präsentation mit Laptop, PC und Beamer

Sie wollen wirkungsvoll mit Medien wie Laptop, PC und Beamer präsentieren und die Vorteile der Präsentationssoftware nutzen? Beim Präsentieren mit Laptop und Co. gibt es einige Besonderheiten, die sich von einer »normalen« Präsentation unterscheiden. Mit diesem Buch erhalten Sie eine systematische Beschreibung der Methoden, Techniken und Tipps, die Sie beachten sollten, um Ihre Beamer-Präsentation wirkungsvoll zu gestalten.

Aus dem Inhalt: Besonderheiten beim Sprechen und bei der Körpersprache bei Beamer-Präsentationen, Gestaltungstipps, gezielter Einsatz von Effekten und Animationen, Aufbau und Dramaturgie von Charts, Logik der Foliengestaltung und des Folienablaufs, Techniktipps, Notfallmedien

Zum Buch im Internet: www.schilling-verlag.de Online-Workshop Präsentation, Beispielpräsentationen

Vorankündigung! Titel erscheint Ende 2004!

Gert Schilling / 19,-Euro / 21x25 cm / 150 Seiten / zahlreiche Abbildungen / ISBN 3-930816-64-4

Buch

Verkaufstraining

Der Praxisleitfaden für das beratende Verkaufsgespräch

Mit diesem Buch erhalten Sie eine systematische Beschreibung der Verkaufstechniken für das beratende Verkaufsgespräch.

Aus dem Inhalt: Verkaufsphilosophie, die optimale Vorbereitung, so schaffen Sie ein positives Gesprächsklima, durch die richtige Fragetechnik die Kundenbedürfnisse erfahren, Nutzen und Vorteile überzeugend präsentieren, Kundeneinwände durch Einwandbehandlung auflösen, sichere Preisnennung und Preisverhandlung, erfolgreicher Verkaufsabschluss, langfristige Kundenbindung.

Zum Buch im Internet: www.schilling-verlag.de Checklisten, Formulare, Vorlagen und Cartoons zum Thema Verkaufstraining

Gert Schilling / 19,- Euro / 21x25 cm / 149 Seiten / zahlreiche Abbildungen / ISBN 3-930816-61-X

Buch

Projektmanagement

Der Praxisleitfaden für die erfolgreiche Durchführung von kleinen und mittleren Projekten

Mit diesem Buch erhalten Sie eine systematische Beschreibung der Projektmanagementmethoden, die Sie für kleine bis mittlere Projekte einsetzen können. Die einzelnen Techniken werden anhand von interessanten Praxisbeispielen erläutert.

Aus dem Inhalt: Projektdefinition, Projektorganisation, Projektphasenmodell, erfolgreicher Umgang mit allen Projektbeteiligten, effiziente Zielfindung und -erreichung. Projektplanung mit Planungsmethoden wie Meilensteinplan, Balkendiagramm, Netzplan, Ablaufplan, Strukturplan, Ressourcenplanung, Kapazitätsplan, Kostenkalkulation und Kostenplan, wirksame Projektsteuerung, Stichtagkontrolle, Trendanalyse, Problemlösungstechniken, Entscheidungstechniken, Informationsermittlung, Projektmeetings, praktische Projektbeispiele.

Zum Buch im Internet: www.schilling-verlag.de
Online-Workshop Projektmanagement, Checklisten, Formulare, Vorlagen, Beispielpläne

Gert Schilling / 19,- Euro / 21x25 cm / 150 Seiten / zahlreiche Abbildungen / ISBN 3-930816-60-1

Buch

Zeitmanagement

Der Praxisleitfaden für Ihr persönliches Zeitmanagement

Mit diesem Buch erhalten Sie eine systematische Beschreibung der Zeitmanagementmethoden, die Sie für Ihr persönliches Zeitmanagement einsetzen können. Die einzelnen Zeitmanagement-Methoden und -Ideen werden anhand von interessanten Praxisbeispielen erläutert. Nützliche Anregungen und Tipps erleichtern Ihnen die positive Veränderung Ihres Zeitmanagements.

Aus dem Inhalt: Was ist Zeitmanagement?, eigene Ziele formulieren, Prioritäten setzen, effizient handeln, sinnvolle Zeitplanung, Einsatz eines Zeitplanbuchs, die »Zeitfresser« fassen und viele Umsetzungstipps.

Gert Schilling/ 19,-Euro / 21x25 cm / 140 Seiten / zahlreiche Bilder / ISBN 3-930816-62-8

Zum Buch im Internet: www.schilling-verlag.de
Online-Workshop Zeitmanagement, Checklisten, Formulare, Vorlagen zum Thema Zeitmanagement, komplette und aktuelle Zeitplanbuch-Formulare und -Pläne

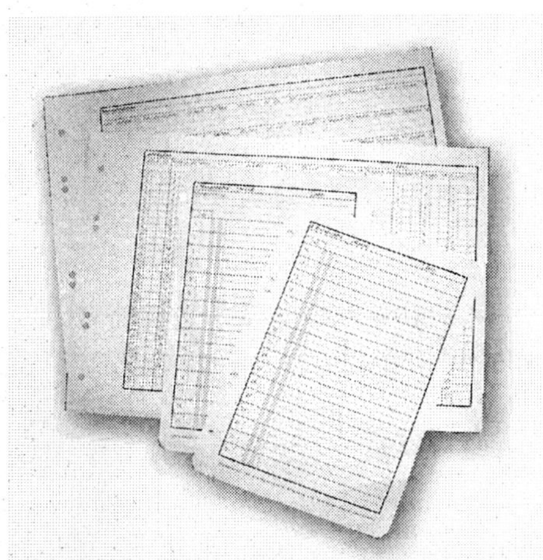

Buch

Moderation von Gruppen

Der Praxisleitfaden für die Moderation von Gruppen, die gemeinsam arbeiten, lernen, Ideen sammeln, Lösungen finden und entscheiden wollen

Mit diesem Buch erhalten Sie eine systematische Beschreibung der Moderationsmethoden. Die einzelnen Moderationselemente werden anhand von interessanten Praxisbeispielen erläutert.

Aus dem Inhalt: Fragetechnik, Kartenfrage, Einpunktfrage, Mehrpunktfrage, Strukturieren, Überschriften bilden, Moderationen vorbereiten, Moderationstechniken, Beispielabläufe, Pinwandeinsatz, Gestaltungstipps, die Rolle des Moderators, Praxistipps.

Gert Schilling / 19,-Euro / 21x25 cm / 170 Seiten / zahlreiche Abbildungen / ISBN 3-930816-59-8

Moderations-Schreibunterlage

Das praktische Untensil für Ihre Moderation. Mit der Moderations-Schreibunterlage haben Sie Ihren »Tisch« in der Hand und können sauber schreiben.

Moderations-Schreibunterlage / Holz / 21x10 cm / 1,-Euro

Zum Buch im Internet: www.schilling-verlag.de
Online-Workshop Moderation,
Online-Workshop Moderations-Schrift,
Cartoons und Videos zum Thema Moderation

Video

Video: Moderationstechnik - Grundlagen und Tipps

Vortrag von Gert Schilling

Mit diesem Video erhalten Sie eine systematische Darstellung der wichtigsten Moderationstechniken in einem lebendigen Vortrag. Die einzelnen Techniken werden anhand von interessanten Beispielen erläutert und mit zahlreichen Praxistipps ergänzt.

Aus dem Inhalt: ✤ Was ist Moderation? ✤ Fragetechniken in der Moderation ✤ Rolle des Moderators ✤ Strukturierungsmöglichkeiten in der Moderation ✤ Vorbereitung einer Moderation

Einblicke in das Video erhalten Sie unter www.schilling-verlag.de

Gert Schilling / 19,-Euro / VHS Video / 65 Minuten

Moderations-CD

Moderation von Gruppen (Multimediale CD-ROM)

Mit dieser CD erhalten Sie einen multimedialen Selbstlern-Workshop zum Thema Moderation. Alle Inhalte werden durch Bilder, Videosequenzen, Praxisbeispiele und ausführliche Texte unterstützt. Inhalte: Was ist Moderation?, Moderationstechnik, Vorbereitung einer Moderation, Gestaltungstipps, Beispielmoderationen, Rolle des Moderators, Tipps zum Thema Moderation.

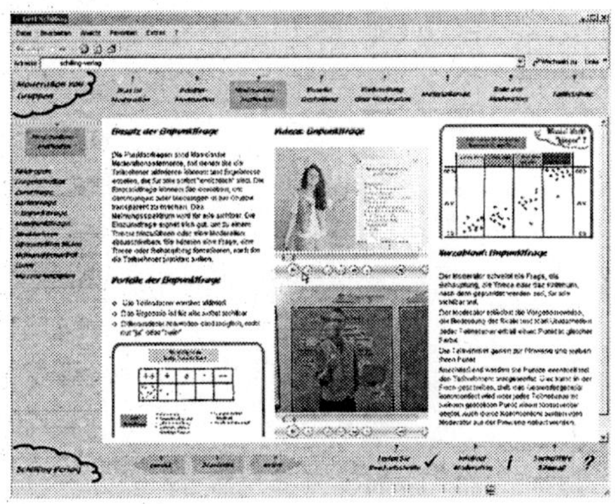

Vorankündigung! CD erscheint Mitte 2004

Gert Schilling / 24,-Euro

Buch

Von Kopf bis Fuß auf Lernen eingestellt

Ein munteres Lernhandbuch

von Harald Groß, Nikolaas Boden und Betty Boden

Sie lernen englische Vokabeln, Finanzbuchhaltung oder Sie arbeiten sich in ein neues Fachgebiet ein und suchen nach dem passenden Lernweg. „Wo und wie soll ich anfangen?", fragen Sie sich „Wie kann ich schnell und angenehm möglichst viel lernen?".

Dieses Lernhandbuch richtet sich an Lernende in Schule, Ausbildung, Studium und Beruf. Es stellt vielfältige Lernwege und praktische Lernmethoden vor, aus denen Sie die jeweils geeignete Strategie für sich auswählen und anpassen können. Zahlreiche interessante Experimente laden zum Ausprobieren ein.

Und weil für erfolgreiches Lernen mehr nötig ist als nur „Köpfchen", werden Sie von Kopf bis Fuß angesprochen und gefordert.

Harald Groß, Nikolaas Boden und Betty Boden / 19,-Euro / 21 x 25 cm / mit Illustrationen von Nikolaas Boden /incl. »Lernteam« / ISBN 3-930816-17-2

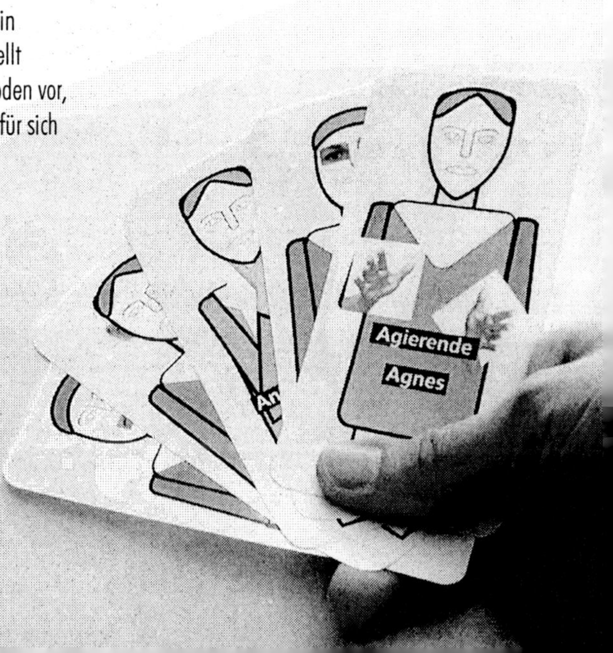

Buch

Seminar-Spiele

Kennenlernspiele, Auflockerungsspiele, Feedbackspiele und Interaktionsspiele

Mit diesem Buch erhalten Sie eine systematische Beschreibung von Seminar-Spielen, die sich in der Seminarpraxis bewährt haben. Die einzelnen Spiele sind ausführlich beschrieben, so dass Sie sie problemlos anwenden können. Es sind einige sehr interessante und lebendige Spiele enthalten, bei denen Sie Ihre Seminar-Jonglier-Bälle einsetzen können. Zu jedem Spiel erhalten Sie Hinweise für die Reflexionsphase, damit Sie die Spiele gemeinsam mit Ihren Teilnehmern gezielt auswerten können. Entscheidend ist, dass die Spiele sinnvoll in den Seminarablauf integriert werden. Das Buch gibt Tipps, welche Spiele zu speziellen Seminarinhalten passen.

Alle Seminar-Spiele sind ausführlich beschrieben und anschaulich bebildert

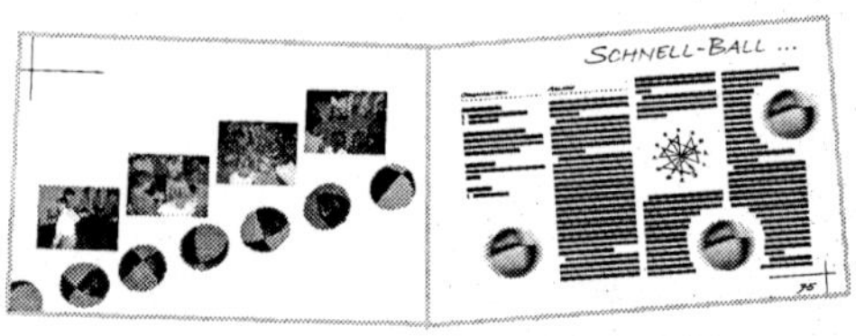

Zum Buch »Seminar-Spiele« erhalten Sie drei hochwertige Seminar-Jonglier-Bälle (Beanbag-Soft/70mm/130gr.)

Gert Schilling / 29,- Euro / 28x19 cm / 140 Seiten / zahlreiche Bilder / ! inclusive 3 Seminar-Jonglier-Bälle / (Buch ohne Bälle 19,- Euro) / ISBN 3-930816-63-6

Welches Spiel passt zu welchem Seminar? Anhaltspunkte finden Sie im Buch in einer »Spiele-Einsatzmatrix«. Als Themen stehen zur Auswahl:

✣ Führen ✣ Verkauf/Verhandeln ✣ Gruppendynamik ✣ Kommunikation ✣ Konflikt ✣ Train the Trainer ✣ Projektmanagement ✣ Zeitmanagement ✣ Präsentation ✣ Teamentwicklung ✣ Kreativitätstechnik ✣ Qualitätsmanagement

Die Zuordnung kann Ihnen als Hinweis dienen. Natürlich gibt es immer Themenüberschneidungen und einige Spiele, die zu »allen« Themen passen. Einige Spiele lassen sich durch eine kleine Veränderung auf andere Themen anwenden. Sie dürfen kreativ werden.

Zum Buch im Internet: www.schilling-verlag.de Online-Workshop Seminarspiele, Kopiervorlagen zu den Spielen

Lern-Utensilien

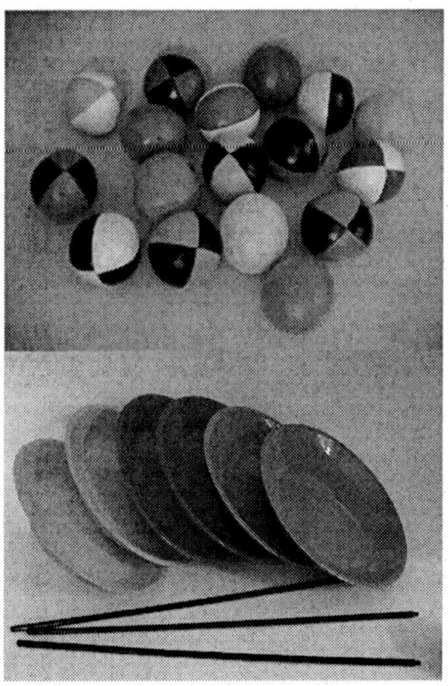

Seminar-Jonglier-Bälle

zur Auflockerung im Seminar oder einfach zum Jonglieren

Hochwertige Seminar-Jonglier-Bälle zum Einsatz in Ihrer Seminarpraxis oder einfach zum Jonglieren.

Bälle: Beanbag-Soft / 70mm Durchmesser / 130 Gramm/strapazierfähig - Farben: rot/pink/grün/violett/blau/orange/gelb/weiss/schwarz - Farbkombinationen: einfarbig uni / farbig mit schwarz / farbig mit weiss - Preise: 1 Ball: 4,90 Euro / 3 Bälle: 14,40 Euro (incl. Anleitung 3-Ball Jonglage)/ 6 Bälle: 27,60 Euro (incl. Anleitung 3-Ball Jonglage) /jeder weitere Ball 4,50 Euro

Seminar-Jonglier-Teller

zur Auflockerung im Seminar oder einfach zum Jonglieren

Hochwertige Seminar-Jonglier-Teller zum Einsatz in Ihrer Seminarpraxis oder einfach zum Jonglieren.

Jonglierteller: 24cm Durchmesser/incl. Stab - Farben: gelb/rot/grün

Preise: 1 Jonglierteller mit Stab 3,50 Euro (incl. Anleitung zur Teller-Jonglage)

Im Internet:
www.schilling-verlag.de Online Workshop 3-Ball-Jonglage und Teller-Jonglage mit Kurzvideo

Internet

www.schilling-verlag.de

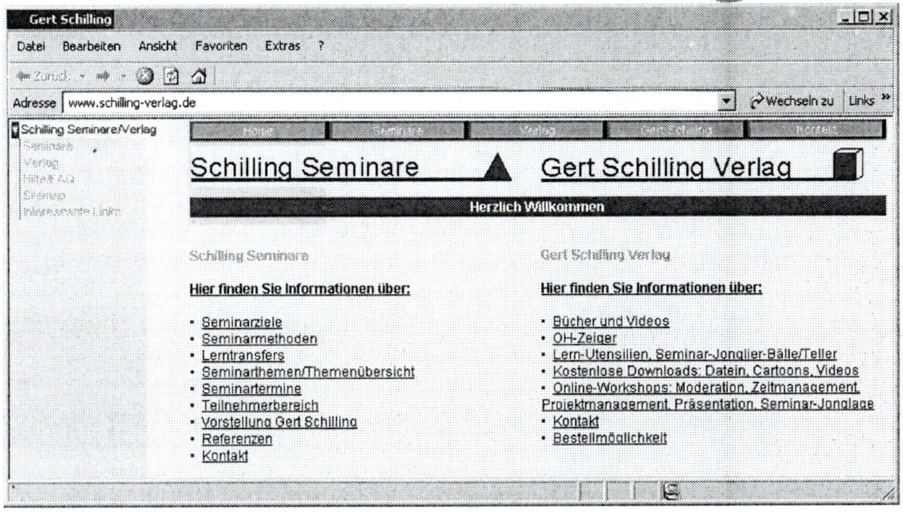

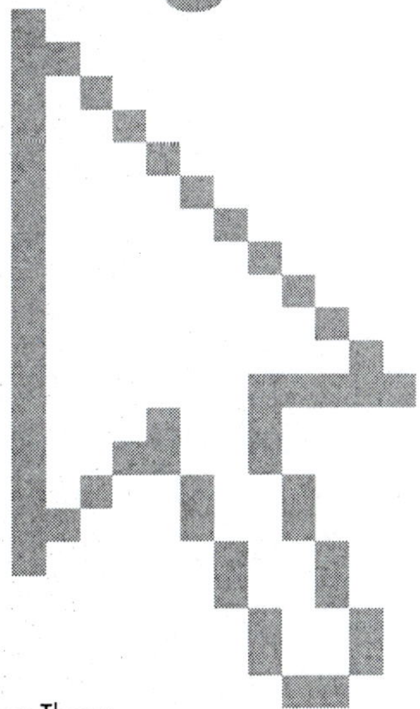

www.schilling-verlag.de

Der Besuch im Internet lohnt sich!

Einblicke in alle Bücher, Bestellmöglichkeit und mehr ...

Dateien und Checklisten zum Thema
✚ Projektmanagement ✚ Verkaufstraining ✚ Präsentation ✚ Zeitmanagement ✚ Seminar-Spiele ✚ und mehr ...

Cartoons und Bilder zum Thema
✚ Präsentation ✚ Moderation ✚ Verkauf

Videoclips zum Thema
✚ Moderation ✚ Seminar-Spiele ✚ und mehr ...

Online Workshop zum Thema
✚ Moderation ✚ Zeitmanagement ✚ Projektmanagement ✚ Seminar-Spiele ✚ und mehr ...

Viel Spass beim Stöbern!

Downloads und Online-Workshops

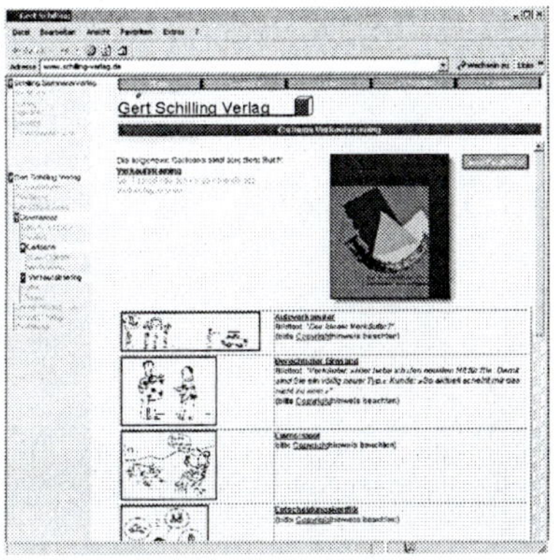

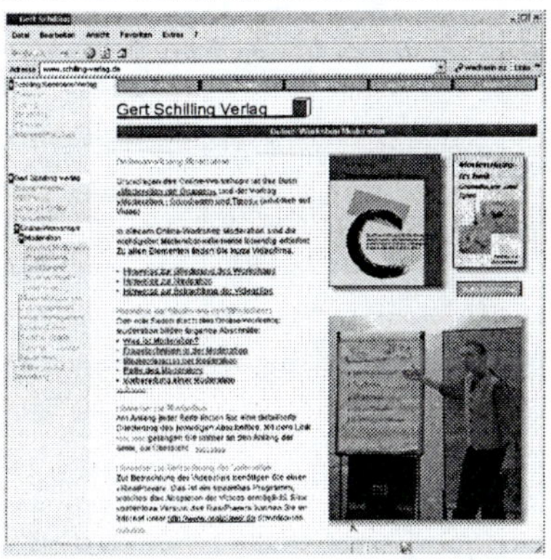

Downloads

Kostenlose Downloads zu den Büchern

Die angebotenen Downloads bilden die Ergänzung zu den Büchern aus dem Schilling-Verlag.

Holen Sie sich die aktuellen Zeitpläne für Ihr Zeitplanbuch, Checklisten für Ihre Projekte, Beispielpräsentationen oder Kopiervorlagen für Ihre Seminar-Spiele-Sammlung.

Das alles und weitere Dateien, Cartoons, Bilder und Videos finden Sie im Download Bereich.

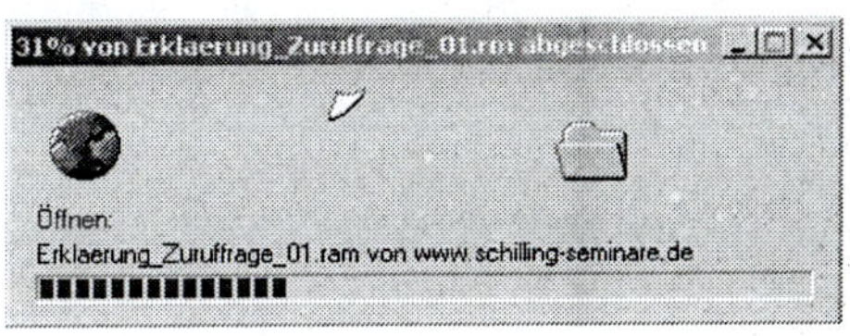

Online-Workshops

Freier Zugang zu allen Workshops

Die angebotenen Online-Workshops bilden die Ergänzung zu den Büchern aus dem Schilling-Verlag.

Hier finden Sie Kurzvideos, Animationen, zusätzliche Erläuterungen und ergänzende Beispiele zu den Buchthemen.

Schauen Sie herein!

Sie finden Online-Workshops unter anderen zu den Themen:

Moderationstechnik ✚ Moderationsschrift ✚ Zeitmanagement/Zeitplanbuch ✚ Seminar-Spiele ✚ Seminar-Jonglage ✚ Projektmanagement ✚ Präsentation

Schilling Seminare

Schilling Seminare

Interesse an einem Seminar?
Ich biete Seminare zu folgenden Themen an:

- Moderationstraining
- Gruppenarbeit
- Präsentationstraining
- Laptop-Beamer Präsentation
- Kreativitätstechnik
- Projektmanagement
- Kommunikationstraining
- Telefontraining
- Verkaufstraining
- Zeitmanagement
- Train the Trainer
- Seminar-Spiele

www.schilling-seminare.de
Informationen zu den Seminarangeboten ✦ Termine zu offenen Seminaren ✦ Referenzen ✦ Vorstellung Gert Schilling

Kontaktadresse: Seminare und Verlag

Schilling Seminare / Verlag
Dipl.-Ing. Dipl.-Päd. Gert Schilling
Dieffenbachstraße 27
10967 Berlin

Tel.: 030 / 690 418 46
Fax: 030 / 690 418 47

mail@gert-schilling.de
www.schilling-verlag.de
www.schilling-seminare.de

Rückbrief / Rückfax

Name ______________________

Straße ______________________

PLZ Ort ______________________

Tel./Fax ______________________

Email ______________________

Schilling Seminare / Verlag
Gert Schilling
Dieffenbachstraße 27

10967 Berlin

Tel.: 030 / 690 418 46
Fax: 030 / 690 418 47
mail@gert-schilling.de

Versand und Portokosten: ab 18,-Euro Bestellwert versandkostenfrei für Sie / bis 18,-Euro Bestellwert zzgl. 2,-Euro Porto/ Verpackung pauschal.

Ich bestelle folgende Anzahl Artikel:

_____ Buch: Angewandte Rhetorik und Präsentationstechnik
_____ Buch: Präsentieren mit Laptop und Beamer
_____ Buch: Moderation von Gruppen
_____ Buch: Projektmanagement
_____ Buch: Verkaufstraining
_____ Buch: Zeitmanagement
_____ Buch: Von Kopf bis Fuß auf Lernen eingestellt
_____ Buch: Seminar-Spiele ☐ incl. 3 Jonglierbälle ☐ ohne Bälle
_____ Video: Moderationstechnik-Grundlagen und Tipps (Vortrag)
_____ CD: Moderation von Gruppen-Multimediale CD-ROM
_____ Moderations-Schreibunterlage
_____ »Overhead-Zeigestab-Hand« Farbe rot
_____ »Overhead-Zeigestab-Pfeil« Farbwunsch: ______________
_____ »Seminar-Jonglier-Bälle« Farbwunsch: ______________
_____ »Seminar-Jonglier-Teller« Farbwunsch: ______________

Rückbrief / Rückfax

Name ______________________

Straße ______________________

PLZ Ort ______________________

Tel./Fax ______________________

Email ______________________

Schilling Seminare / Verlag
Gert Schilling
Dieffenbachstraße 27

10967 Berlin

Tel.: 030 / 690 418 46
Fax: 030 / 690 418 47
mail@gert-schilling.de

Versand und Portokosten: ab 18,-Euro Bestellwert versandkostenfrei für Sie / bis 18,-Euro Bestellwert zzgl. 2,-Euro Porto/ Verpackung pauschal.

Ich bestelle folgende Anzahl Artikel:

_____ Buch: Angewandte Rhetorik und Präsentationstechnik
_____ Buch: Präsentieren mit Laptop und Beamer
_____ Buch: Moderation von Gruppen
_____ Buch: Projektmanagement
_____ Buch: Verkaufstraining
_____ Buch: Zeitmanagement
_____ Buch: Von Kopf bis Fuß auf Lernen eingestellt
_____ Buch: Seminar-Spiele ☐ incl. 3 Jonglierbälle ☐ ohne Bälle
_____ Video: Moderationstechnik-Grundlagen und Tipps (Vortrag)
_____ CD: Moderation von Gruppen-Multimediale CD-ROM
_____ Moderations-Schreibunterlage
_____ »Overhead-Zeigestab-Hand« Farbe rot
_____ »Overhead-Zeigestab-Pfeil« Farbwunsch: ______________
_____ »Seminar-Jonglier-Bälle« Farbwunsch: ______________
_____ »Seminar-Jonglier-Teller« Farbwunsch: ______________